DIARIO CIENTÍFICO

McGRAW-HILL
CIENCIAS

GRADO 3

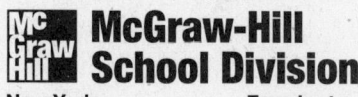

McGraw-Hill School Division
New York Farmington

Contenido

Unidad: Acércate a las ciencias
Exploración • Investiga por qué hay cráteres de diferentes tamaños ... S1

Unidad: Los seres vivos
Exploración 1 • Investiga las características de los seres vivos ... 1
Destrezas en acción • Experimentar ... 3
Exploración 2 • Investiga las necesidades de los organismos ... 5
Haz la prueba • Observa cómo el agua circula por una planta ... 7
Exploración 3 • Investiga cómo un organismo cambia al crecer ... 9
Haz la prueba • Juega a nombrar rasgos ... 11
Exploración 4 • Investiga cómo comienza el ciclo vital de una planta ... 13
Haz la prueba • Luz o sombra ... 15
Exploración 5 • Crea tu experimento ... 17
Destrezas en acción • Clasificar ... 19
Exploración 6 • Investiga las partes más pequeñas de los seres vivos ... 21
Haz la prueba • Observa el dorso de tu mano ... 23

Unidad: Levantar, empujar y jalar
Exploración 1 • Investiga cómo se mueven las cosas ... 25
Haz la prueba • Imagina la posición ... 27
Exploración 2 • Investiga por qué es difícil jalar algunos objetos ... 29
Destrezas en acción • Interpretar datos ... 31
Exploración 3 • Investiga qué causa un cambio en movimiento ... 33
Haz la prueba • Canicas en movimiento ... 35
Exploración 4 • Investiga qué es trabajo ... 37
Haz la prueba • Cambio de energía ... 39
Exploración 5 • Crea tu experimento ... 41
Haz la prueba • Construye una palanca ... 43
Exploración 6 • Investiga cómo las rampas hacen más fácil el trabajo ... 45
Destrezas en acción • Usar los números ... 49

Unidad: Materia y energía
Exploración 1 • Investiga qué objeto ocupa más espacio ... 51
Haz la prueba • Mide masas ... 53
Exploración 2 • Crea tu experimento ... 55
Exploración 3 • Investiga qué atraen los imanes ... 59
Haz la prueba • Un tazón de hierro ... 61
Exploración 4 • Investiga cuánto se calientan la cosas ... 63
Haz la prueba • Dilatación y contracción ... 65
Exploración 5 • Investiga qué materiales atraviesa la luz ... 67
Destrezas en acción • Usar variables ... 69
Exploración 6 • Investiga por qué se enciende la bombilla ... 71
Ayuda gráfica • Circuitos ... 73
Haz la prueba • Haz una linterna ... 75

Unidad: El Sol y su familia
Exploración 1 • Investiga cuál es la causa del día y la noche ... 77
Haz la prueba • Reloj de sol ... 79
Exploración 2 • Investiga cómo la luna cambia de figura ... 81
Destrezas en acción • Predecir ... 83
Exploración 3 • Investiga de qué tamaño son el Sol y la Luna ... 85
Haz la prueba • Más lejos de lo que te imaginas ... 87
Exploración 4 • Investiga cómo la energía del Sol afecta la Tierra ... 89
Haz la prueba • Compara el Sol y la Luna ... 91
Exploración 5 • Investiga cómo se mueven los planetas ... 93
Haz la prueba • Aumenta una letra ... 95
Exploración 6 • Crea tu experimento ... 97
Destrezas en acción • Inferir ... 99

Unidad: Rocas y recursos
Exploración 1 • Investiga en qué se parecen y se diferencian las rocas ... 101
Haz la prueba • ¿Qué mineral es más duro? ... 103
Exploración 2 • Investiga cómo cambian las rocas ... 105
Haz la prueba • La tiza cambiante ... 107
Destrezas en acción • Formular una hipótesis ... 109
Exploración 3 • Crea tu experimento ... 111
Haz la prueba • El clima influye ... 113
Exploración 4 • Investiga qué hay en el suelo ... 115
Destrezas en acción • Medir ... 117
Exploración 5 • Investiga cómo la minería afecta a la tierra ... 119
Haz la prueba • Encuesta energética ... 121
Exploración 6 • Investiga qué sucede a las sustancias en el agua ... 123
Haz la prueba • Purificación de las aguas ... 125

Unidad: ¿Dónde viven los seres vivos?
Exploración 1 • Investiga dónde viven las plantas y los animales ... 127
Destrezas en acción • Definir términos basándose en observaciones ... 129
Exploración 2 • Investiga de dónde vienen los alimentos ... 131
Haz la prueba • Los descomponedores ... 133
Exploración 3 • Investiga cómo satisfacen sus necesidades los seres vivos ... 135
Haz la prueba • Semillas viajeras ... 137
Exploración 4 • Investiga cuánto espacio necesitan las plantas ... 139
Haz la prueba • Sillas musicales ... 141
Exploración 5 • Crea tu experimento ... 143
Destrezas en acción • Observar ... 145
Exploración 6 • Investiga qué ocurre cuando cambia un ecosistema ... 147
Haz la prueba • Control de multitudes ... 149

Unidad: ¿Cómo mantenerse sano?
Exploración 1 • Crea tu experimento ... 151
Haz la prueba • El sentido de la piel ... 153
Exploración 2 • Investiga cómo se protege el cuerpo ... 155
Destrezas en acción • Hacer un modelo ... 157
Exploración 3 • Investiga qué hay en los alimentos ... 159
Destrezas en acción • Interpretar datos ... 161
Exploración 4 • Investiga cómo se descomponen los alimentos ... 163
Haz la prueba • Comer una galleta ... 165

Nombre _____ ACTIVIDAD DE EXPLORACIÓN

página 1

Investiga por qué hay cráteres de diferentes tamaños

Hipótesis: ¿Por qué hay cráteres de diferentes tamaños? Escribe una posible explicación: _____

_____

¿Cómo influye el tamaño de una canica en el tamaño del cráter que forma al caer? ¿Cómo influye la altura de la caída?

Materiales

- canicas de diferentes tamaños
- harina
- regla de un metro
- gafas protectoras
- molde de aluminio
- periódico
- regla

Instrucciones

¡ATENCIÓN! Usa gafas protectoras.

1. **Haz un modelo** Coloca el periódico sobre una superficie plana. Llena de harina el molde y alisa la superficie.

2. **Observa** Compara los tamaños de las canicas. Discute con un compañero o compañera cuál canica hará el cráter más grande. ¿Qué entiendes por grande? ¿Profundo, ancho o ambos? Escribe tus ideas.

_____

_____

3. **Mide** Deja caer la canica más pequeña en la harina desde una altura de 25 cm. Mide el tamaño del cráter que se forma. Anota los resultados.

_____

4. **Mide** Repite el tercer paso desde 50 cm, 75 cm y 100 cm de altura.

_____

5. **Repite** Realiza la actividad nuevamente con una canica grande.

_____

McGraw-Hill • Ciencias UNIDAD: ACÉRCATE A LAS CIENCIAS

Nombre _____

ACTIVIDAD DE EXPLORACIÓN
Investiga por qué hay cráteres de diferentes tamaños, página 2

Concluye y aplica

1. **Interpreta datos** ¿Qué le ocurrió al tamaño del cráter a medida que la canica se iba dejando caer desde alturas superiores? ¿Por qué?

   _____
   _____

2. **Interpreta datos** ¿Qué le ocurrió al tamaño del cráter a medida que aumentaba el tamaño de la canica? ¿Por qué?

   _____
   _____

3. **Infiere** ¿Por qué tienen los cráteres de la Luna diferentes tamaños?

   _____
   _____

Pregunta

Piensa en tus propias preguntas y cómo puedes comprobarlas, usando la harina y el molde de aluminio. ¿Por qué tienen los cráteres de la Luna y de la Tierra diferentes formas?

Mi pregunta es:
_____

Cómo puedo comprobarlo:
_____
_____

Mis resultados son:
_____
_____

Nombre _____ ACTIVIDAD DE EXPLORACIÓN 1

página 1

Investiga las características de los seres vivos

Hipótesis ¿Qué características tienen los seres vivos?
¿Cómo puedes comprobar la hipótesis?

Escribe una **hipótesis**:

_____

_____

Examina piedrecitas y semillas de chícharo para descubrir las características de los seres vivos.

Materiales

- 25 semillas de chícharo
- 25 piedrecitas
- 1 lupa
- 2 hojas de papel blanco
- 2 vasos de plástico de $3\frac{1}{2}$ oz
- agua
- marcador

Instrucciones

1. **Mide** Coloca las semillas sobre una hoja marcada con la letra A. Escribe una B en otra hoja y coloca en ella las piedrecitas.

2. **Observa** Examina con la lupa las semillas y las piedrecitas. Describe lo que veas.

_____

_____

3. Pon las semillas en un vaso marcado con una A y las piedrecitas en un vaso marcado con una B. Vierte la misma cantidad de agua en cada vaso. Asegúrate de que el agua cubra ambas cosas.

4. **Predice** ¿Qué ocurrirá en dos días?

_____

5. **Observa** Examina varias veces durante dos días las semillas y las piedrecitas en remojo. Anota tus observaciones en otra hoja.

_____

McGraw-Hill • Ciencias UNIDAD: LOS SERES VIVOS

Nombre _____   ACTIVIDAD DE EXPLORACIÓN 1

Investiga las características de los seres vivos, página 2

Concluye y aplica

1. **Explica** ¿Qué les ocurrió a las semillas? ¿Y a las piedrecitas? ¿Qué cosa está viva? ¿Por qué?

   _____

   _____

2. **Infiere** ¿Cuáles son algunas de las características de los seres vivos?

   _____

   _____

Un paso más: Aplica

3. **Compara** Básate en tus observaciones para explicar algunas diferencias entre seres vivos y seres inanimados.

   _____

   _____

❓ Pregunta

Piensa en tus propias preguntas y cómo puedes comprobarlas. ¿Cómo puedes saber si otras cosas están vivas?

Mi pregunta es:

_____

Cómo puedo comprobarlo:

_____

_____

Mis resultados son:

_____

Nombre _____ DESTREZAS EN ACCIÓN 1

página 1

Experimentar

Si en un lugar húmedo levantas una piedra grande o un tronco, encontrarás cochinillas. En esta actividad verás cómo responde una cochinilla a los cambios de su medio ambiente.

¡ATENCIÓN! Lávate las manos después de tocar la cochinilla.

Materiales

- 1 cochinilla
- 1 lupa
- regla
- cartulina
- 1 palillo de dientes

Instrucciones

1. **Observa** Coloca la cochinilla sobre la cartulina y túrnate para examinarla con la lupa. ¿Cómo se mueve? Tócala suavemente con un palillo de dientes. Anota tus observaciones.

   _____

   _____

2. **Planifica** Para ver cómo responde la cochinilla, piensa en varias formas de cambiar su medio ambiente. Asegúrate de que esas pruebas no lastimen al animal. Anota tus planes en una tabla como la que se muestra abajo. Para indicar cada prueba usa oraciones del tipo "si . . .", "entonces . . ."

Si . . .	Entonces . . .	Resultados
Si algo cierra el paso de la cochinilla	entonces, ésta cambia de camino	
	entonces,	

McGraw-Hill • Ciencias UNIDAD: LOS SERES VIVOS

Nombre _____ **DESTREZAS EN ACCIÓN 1**
Experimentar, página 2

3. Experimenta Comprueba la afirmación de la tabla y anota los resultados.

4. Recopila datos Comprueba tus afirmaciones y anota en la tabla los resultados.

Concluye y aplica

Comunica Describe en un párrafo cómo responde la cochinilla a los cambios de su medio ambiente.

_____
_____
_____
_____
_____

Nombre _____ ACTIVIDAD DE EXPLORACIÓN 2

página 1

Investiga las necesidades de los organismos

Hipótesis ¿Qué necesitan los organismos para vivir y crecer?
¿Cómo puedes comprobar tu hipótesis?

Escribe una **hipótesis:**

_____
_____
_____

Para descubrir lo que necesitan los organismos para vivir y crecer, observa orugas y plantas de chícharo.

Materiales

- recipiente con 3 orugas y comida
- semillas de chícharo en remojo del Tema 1
- 2 cartones de leche de $\frac{1}{2}$ pinta
- $1\frac{1}{2}$ taza de tierra
- lupa
- agua

Instrucciones

1. Siembra en cada cartón 6 semillas de chícharo humedecidas y cúbrelas con $\frac{3}{4}$ de taza de tierra. Coloca uno de los cartones en un lugar soleado y riégalo cuando sea necesario. Coloca el otro cartón en un lugar oscuro y no lo riegues.

2. Coloca el recipiente con las orugas en un lugar fresco donde no dé el Sol.

3. **Observa** Examina las orugas y las semillas dos o tres veces por semana. Anota lo que veas.

_____
_____
_____
_____

McGraw-Hill • Ciencias UNIDAD: LOS SERES VIVOS

Nombre _____ **ACTIVIDAD DE EXPLORACIÓN 2**
Investiga las necesidades de los organismos, página 2

Concluye y aplica

1. Explica ¿Qué les sucedió a las orugas?

_____

_____

2. Saca conclusiones ¿Qué necesitan las orugas para vivir y crecer? ¿Qué necesitan las plantas de chícharo para crecer?

_____

_____

3. Infiere ¿Qué obtienen de la tierra las plantas de chícharo?

_____

Un paso más: Aplica

4. Saca conclusiones ¿Qué diferencia hay entre las necesidades de las orugas y las de las plantas?

_____

_____

_____

Pregunta

Piensa en tus propias preguntas y cómo puedes comprobarlas. ¿Necesitan todas las plantas tierra, agua y luz solar para sobrevivir?

Mi pregunta es:

_____

Cómo puedo comprobarlo:

_____

Mis resultados son:

_____

Nombre _____ HAZ LA PRUEBA 2
página 1

Observa cómo el agua circula por una planta

Hipótesis ¿Cómo circula el agua por una planta?

Escribe una **hipótesis:**

_____
_____
_____

Materiales

- 1 recipiente de plástico transparente
- colorante para comida
- gafas protectoras
- 1 tallo de apio
- agua

Instrucciones

¡ATENCIÓN! Usa gafas protectoras.

1. **Mide** Vierte unas 2 pulgadas (5 cm) de agua en el recipiente. Añade 10 gotas de colorante para comida.

2. **Predice** Coloca un tallo de apio en el recipiente durante dos horas. ¿Qué crees que pasará?

_____
_____
_____

Concluye y aplica

1. **Explica** ¿Qué observaste después de dos horas?

_____
_____

2. **Infiere** ¿Cómo circula el agua por una planta?

_____

McGraw-Hill • Ciencias UNIDAD: LOS SERES VIVOS

Nombre _____ **HAZ LA PRUEBA 2**

Observa cómo el agua circula por una planta, página 2

Un paso más Los tallos contienen numerosas estructuras en forma de tubos que van desde las raíces hasta las hojas. ¿Cómo puedes demostrar que el agua circula por pequeños "tubos" a través del tallo? Crea un experimento y llévalo a cabo.

Mi hipótesis es:

_____
_____
_____

Mi experimento es:

_____
_____
_____
_____
_____
_____
_____

Mis resultados son:

_____
_____

Nombre _____ ACTIVIDAD DE EXPLORACIÓN 3

Investiga cómo un organismo cambia al crecer

Hipótesis ¿Cómo cambia una oruga a lo largo de su vida?
¿Cómo puedes comprobarlo?

Escribe una **hipótesis:**

_____

_____

Observa y anota cómo una oruga crece y se desarrolla durante un período de tiempo.

Materiales

- orugas y recipiente del Tema 2
- 1 lupa

Instrucciones

1. **Observa** Examina las orugas con la lupa y dibújalas.

2. **Observa** Examina las orugas dos veces por semana. Anota y dibuja los cambios que veas en su aspecto en hojas de papel separadas. Contesta las siguientes preguntas: ¿Cómo cambiaron las orugas? ¿Cómo actúan?

_____

_____

_____

_____

_____

McGraw-Hill • Ciencias UNIDAD: LOS SERES VIVOS

Nombre _____   **ACTIVIDAD DE EXPLORACIÓN 3**
Investiga cómo un organismo cambia al crecer, página 2

Concluye y aplica

1. **Explica** ¿Qué les pasó a las orugas?
   _____
   _____

2. **Explica** ¿En qué se convierte una oruga cuando se hace adulta?
   _____

3. **Compara** ¿Qué diferencia de forma hay entre una oruga joven y una oruga adulta?
   _____
   _____
   _____

Un paso más: Aplica

4. **Clasifica** ¿Cuántas formas diferentes tienen las orugas en su desarrollo?
   _____

Pregunta

Piensa en tus propias preguntas y cómo puedes comprobarlas.
¿Pasan todos los animales por las mismas etapas de desarrollo?

Mi pregunta es:
_____
_____

Cómo puedo comprobarlo:
_____
_____

Mis resultados son:
_____
_____

McGraw-Hill • Ciencias UNIDAD: LOS SERES VIVOS

Nombre _____ HAZ LA PRUEBA 3

página 1

Juega a nombrar rasgos

Hipótesis ¿Qué rasgos heredaste de tus padres? ¿Cuáles adquiriste? Escribe dos listas.

Escribe una **hipótesis:**
_____
_____
_____

Materiales

- 8 tarjetas

Instrucciones

1. Escribe en dos tarjetas un rasgo que pueda ser hereditario. Escribe en otras dos un rasgo que pueda ser adquirido. No muestres a tu pareja lo que escribas.

2. Túrnense para levantar tarjetas y decir si el rasgo es hereditario o adquirido.

Concluye y aplica

1. **Clasifica** Ordena las tarjetas en dos grupos.

2. **Comunica** Haz una tabla ilustrada de los rasgos. Si lo necesitas puedes usar otra hoja. Usa tu tabla para examinar y evaluar tus resultados.

Rasgos hereditarios	Rasgos adquiridos

McGraw-Hill • Ciencias UNIDAD: LOS SERES VIVOS

Nombre _____ **HAZ LA PRUEBA 3**
Juega a nombrar rasgos, página 2

Un paso más ¿Qué talentos hay en tu familia? ¿Tienen tus padres, abuelos, tíos, tías y primos las mismas profesiones y pasatiempos? Haz una lista de los trabajos o pasatiempos que son comunes en tu familia. Comenta si las similitudes indican rasgos hereditarios o adquiridos y haz una tabla de rasgos familiares.

Mi hipótesis es:

_____

_____

Mi experimento es:

_____

_____

_____

_____

_____

Mis resultados son:

_____

_____

_____

Nombre _____ ACTIVIDAD DE EXPLORACIÓN 4

Investiga cómo comienza el ciclo vital de una planta

Hipótesis ¿Por dónde comienza la vida de una planta? ¿Cómo podrías comprobarlo?

Escribe una **hipótesis:**

_____

_____

Cultiva una planta de chícharo para observar cómo comienza su ciclo vital.

Materiales

- 5 semillas de chícharo
- 1 vaso de plástico
- $\frac{1}{4}$ de taza de agua
- 1 bolsa de plástico con cierre (una pinta)
- toalla de papel
- 1 lupa

Instrucciones

1. **Observa** Examina con la lupa las semillas. Anota tus observaciones.

   _____

   _____

2. Deja las semillas en el vaso con agua toda la noche. Asegúrate de que el agua cubra totalmente las semillas.

3. **Observa** Examina las semillas al día siguiente. ¿Qué ha cambiado? Pela una semilla y obsérvala con la lupa. Anota tus observaciones. Separa las dos mitades de la semilla y examínalas con la lupa. Dibuja lo que veas en un papel.

   _____

   _____

4. Humedece una toalla de papel, dóblala y colócala en la bolsa de plástico. Coloca las otras cuatro semillas sobre la toalla de papel y cierra la bolsa.

McGraw-Hill • Ciencias UNIDAD: LOS SERES VIVOS

Nombre _____ ACTIVIDAD DE EXPLORACIÓN 4
Investiga cómo comienza el ciclo vital de una, página 2

5. Predice ¿Cómo cambiarán las plantas de chícharo? Obsérvalas cada día y haz dibujos para mostrar cómo cambian.

_____

Concluye y aplica

1. Explica ¿Cómo cambiaron las semillas humedecidas? ¿Qué había entre las dos mitades de la semilla?

_____

_____

2. Infiere ¿A qué parte del ciclo vital de una planta corresponde la semilla?

_____

_____

Un paso más: Aplica

3. Explica ¿Qué cambios notaste cuando brotaron plantas pequeñitas de las semillas?

_____

Pregunta

Piensa en tus propias preguntas y cómo puedes comprobarlas. ¿Siguen todas las plantas las mismas etapas de desarrollo?

Mi pregunta es:

_____

_____

Cómo puedo comprobarlo:

_____

Mis resultados son:

_____

14   McGraw-Hill • Ciencias UNIDAD: LOS SERES VIVOS

Nombre _____ HAZ LA PRUEBA 4
página 1

Luz o sombra

Hipótesis ¿Necesitan los plantones luz para crecer?

Escribe una **hipótesis**:

_____

Materiales:

- 2 plantones de la Actividad de exploración
- 2 vasos de plástico transparente de 10 onzas
- agua
- 2 toallas de papel
- 1 hoja de cartulina negra
- cinta adhesiva
- tijeras

Instrucciones

1. Cubre con cartulina negra el exterior de un vaso.

2. Humedece las toallas de papel. Coloca una en cada vaso y coloca un plantón sobre cada toalla.

3. Coloca los vasos junto a una ventana soleada. Tapa con cartulina negra el vaso cubierto anteriormente. Mantén húmedas las toallas de papel.

4. **Observa** Compara los plantones después de dos días.

Concluye y aplica

1. **Observa** ¿Qué pasó con el plantón del vaso cubierto totalmente con cartulina? ¿Y con el otro plantón?

_____

_____

McGraw-Hill • Ciencias UNIDAD: LOS SERES VIVOS

Nombre _____ **HAZ LA PRUEBA 4**
Luz o sombra, página 2

2. Infiere ¿Qué te indica esto acerca de las necesidades de los plantones?

_____

_____

Un paso más ¿Necesitan las plantas luz solar o pueden sobrevivir con luz artificial? Escribe una hipótesis y crea un experimento.

Mi hipótesis es:

_____

_____

_____

Mi experimento es:

_____

_____

_____

Mis resultados son:

_____

_____

Nombre _____ ACTIVIDAD DE EXPLORACIÓN 5

página 1

Crea tu experimento

Hipótesis ¿Cuál es la función de la envoltura externa de un organismo? ¿Cómo puedes comprobarlo?

Escribe una **hipótesis:**

_____
_____
_____

¿Cuáles son las partes de un insecto y de una planta?

Materiales

- orugas en una caja de Petri de plástico transparente de 5 pulgadas
- 1 planta de chícharo de la *Actividad de exploración* del Tema 2
- 1 lupa
- 1 hoja de papel blanco
- 1 palillo de dientes
- toallas de papel

Instrucciones

1. **Observa** Examina con una lupa las orugas. ¿Qué partes de su cuerpo ves? Dibuja una oruga en una hoja de papel.

_____

2. **Experimenta** Usa los materiales para observar cómo una oruga utiliza ciertas partes de su cuerpo. ¿Cómo se mueve?

_____
_____

3. **Observa** ¿Cómo podrías examinar más de cerca la planta de chícharo? Dibuja las partes de la planta en una hoja de papel.

_____
_____

McGraw-Hill • Ciencias UNIDAD: LOS SERES VIVOS

Nombre _____ ACTIVIDAD DE EXPLORACIÓN 5
Crea tu experimento, página 2

Concluye y aplica

1. **Explica** ¿Cuáles son las partes de una oruga? ¿Cómo las utiliza?

   _____
   _____
   _____

2. **Explica** ¿Cuáles son las partes de una planta de chícharo?

   _____

Un paso más: Aplica

3. **Infiere** ¿Cómo la planta de chícharo utiliza sus partes?

   _____
   _____
   _____

Pregunta

Piensa en tus propias preguntas y cómo puedes comprobarlas. ¿Cuáles son las partes de otros organismos? ¿Tienen todas las plantas las mismas partes?

Mi pregunta es:

_____
_____

Cómo puedo comprobarlo:

_____

Mis resultados son:

_____

Nombre _____ DESTREZAS EN ACCIÓN 5

Clasificar

Comparar diferentes partes del cuerpo

Clasificar la información te ayuda a comprender el mundo. ¿Cómo puedes clasificar las partes de diferentes organismos?

Instrucciones

1. Haz una lista de diez plantas y animales diferentes.

   _____

   _____

2. **Comunica** La tabla de abajo muestra en los encabezamientos las partes del cuerpo que has visto en este tema.

Organismos con partes similares	
Partes que protegen y sostienen	
Partes móviles	
Partes que absorben sustancias	
Partes que recogen información	

3. **Clasifica** Agrupa en la tabla los organismos de tu lista que tienen partes similares.

McGraw-Hill • Ciencias UNIDAD: LOS SERES VIVOS

Nombre _____ DESTREZAS EN ACCIÓN 5
Clasificar, página 2

Concluye y aplica

1. **Identifica** ¿Qué organismos tienen partes similares que los protegen y sostienen? ¿Qué organismos tienen partes móviles similares?

   _____
   _____
   _____
   _____
   _____
   _____

2. **Identifica** ¿Qué organismos tienen partes similares que absorben sustancias? ¿Qué organismos tienen partes similares que recogen información?

   _____
   _____
   _____
   _____

3. **Clasifica** Lee tu lista. ¿De qué otra manera puedes agrupar esos organismos? Muestra la nueva clasificación en otra tabla.

Nombre _____   ACTIVIDAD DE EXPLORACIÓN 6

Investiga las partes más pequeñas de los seres vivos

Hipótesis ¿Cómo podrías ver mejor algunas de las partes más pequeñas de los seres vivos?

Escribe una **hipótesis:**

_____
_____
_____

Observa las partes más pequeñas de una planta de chícharo y de una oruga.

Materiales

- 1 planta de chícharo del Tema 5
- 1 oruga en una caja de Petri
- 1 lupa
- libro de texto

Instrucciones

1. **Observa** Examina detenidamente con la lupa la hoja de la planta de chícharo y luego la oruga. Describe lo que veas.

    _____
    _____
    _____
    _____

2. **Observa** Ahora mira las fotos de la página 55 de tu libro de texto. Muestran muy de cerca las partes más pequeñas de una oruga y de una planta de chícharo.

Nombre_____ ACTIVIDAD DE EXPLORACIÓN 6
Investiga las partes más pequeñas de los seres vivos, página 2

3. Infiere ¿Qué foto muestra a la oruga? ¿Y a la planta de chícharo? ¿Por qué lo sabes?

_____
_____

Concluye y aplica

1. Explica ¿Qué pistas te permiten identificar a qué organismo pertenecen las fotos?

_____

Un paso más: Aplica

2. Infiere ¿Qué necesitas para ver las partes más pequeñas de un organismo?

_____

Pregunta

Piensa en tus propias preguntas y cómo puedes comprobarlas. ¿Son iguales todas las partes más pequeñas de todas las plantas y de todos los animales?

Mi pregunta es:

_____
_____

Cómo puedo comprobarlo:

_____
_____

Mis resultados son:

_____
_____

Nombre _____ HAZ LA PRUEBA 6

Observa el dorso de tu mano

Hipótesis: ¿De qué tamaño es una célula?

Escribe una **hipótesis:**

_____
_____

Materiales

- bolígrafo
- frijoles

Instrucciones

1. **Predice** Marca con el bolígrafo un punto en el dorso de tu mano. ¿Cuántas células crees que cubre? Escribe tu predicción.

   _____
   _____

2. **Usa los números** Coloca todos los frijoles formando un círculo compacto. ¿Cuántos frijoles hay?

   _____

Concluye y aplica

Saca conclusiones Cada frijol representa una célula bajo el punto de tinta en tu mano. ¿Cuántas células de la piel hay bajo el punto de tinta? ¿Se acerca tu predicción a esa cantidad?

_____
_____
_____

Nombre _____ HAZ LA PRUEBA 6
Observa el dorso de tu mano, página 2

Un paso más ¿Los diferentes tipos de células tienen el mismo tamaño y forma? Diseña un experimento y llévalo a cabo para descubrirlo. Escribe tus respuestas en una hoja de papel.

Mi hipótesis es:
_____
_____

Mi experimento es:
_____
_____
_____
_____

Mis resultados son:
_____
_____
_____
_____

Nombre _____   ACTIVIDAD DE EXPLORACIÓN 1

Investiga cómo se mueven las cosas

Hipótesis Cuando corres, vas más de prisa que cuando caminas. ¿Cuánto más? ¿Cómo puedes comprobar tus ideas?

Escribe una **hipótesis:**

_____

Compara cuánto tardas en recorrer la misma distancia corriendo y caminando.

Materiales

- cronómetro
- creyón azul
- creyón rojo
- cinta de medir
- papel cuadriculado

Instrucciones

1. **Predice** Imagina que vas a recorrer una distancia de 10 metros. ¿Cuánto tardarás corriendo? ¿Cuánto tardarás caminando? Anota tus predicciones.

_____

_____

2. **Mide** Mide con el cronómetro cuánto tarda cada miembro de tu grupo en correr 10 metros. Anota los tiempos en una hoja de papel.

3. **Mide** Mide cuánto tarda cada miembro de tu grupo en caminar 10 metros. Anota los tiempos en una hoja de papel.

Concluye y aplica

1. **Compara** Revisa tus predicciones de cuánto tardarías en correr y caminar 10 metros. ¿Qué relación tienen con los tiempos reales?

_____

_____

McGraw-Hill • Ciencias UNIDAD: LEVANTAR, EMPUJAR Y JALAR

Nombre _____ **ACTIVIDAD DE EXPLORACIÓN 1**

Investiga cómo se mueven las cosas, página 2

2. **Comunica** Escribe en una línea al pie de la gráfica los nombres de los participantes. Con creyón rojo escribe una X arriba de tu nombre para indicar los segundos que tardaste en correr 10 metros. Con el creyón azul escribe una X para indicar cuántos segundos tardaste en caminar la misma distancia.

3. **Interpreta datos** ¿Cuántos segundos de diferencia hay entre los dos tiempos?
_____

Un paso más: Resolución de problemas

4. **Predice** Usa la gráfica para predecir cuánto tardarías en correr y caminar 20 metros.
_____
_____

Pregunta

Piensa en tus propias preguntas y cómo puedes comprobarlas.
¿Cómo afecta la inclinación del suelo a la rapidez con que caminas?

Mi pregunta es:
_____

Cómo puedo comprobarlo:
_____
_____
_____

Mis resultados son:
_____

26 McGraw-Hill • Ciencias UNIDAD: LEVANTAR, EMPUJAR Y JALAR

Nombre _____ HAZ LA PRUEBA 1
página 1

Imagina la posición

Hipótesis ¿Te ayudan las palabras que indican posición a decir dónde está un objeto?

Escribe una **hipótesis**:

_____
_____

Materiales
- 2 juegos de 5–7 bloques
- cuaderno

Instrucciones

1. Siéntate a una mesa frente a un compañero o compañera y coloca el cuaderno levantado entre ambos. Haz un edificio con tus bloques.

2. **Comunica** Describe la posición de cada uno de tus bloques para que tu compañero o compañera pueda hacer el mismo edificio.

3. **Compara** Quita el cuaderno. ¿Son iguales los edificios? Intercambien papeles y vuelvan a intentarlo.

Nombre _____ **HAZ LA PRUEBA 1**
Imagina la posición, página 2

Concluye y aplica

Saca conclusiones ¿Qué pasaría si tu compañero o compañera te indicara cómo hacer el edificio sin usar palabras de posición? ¿Podrías hacer el edificio?

_____

_____

_____

_____

Un paso más Escoge un objeto de la habitación. Sin decir cuál es, escribe las instrucciones en hojas de papel separadas para ayudar a tu compañero o compañera a encontrar el objeto. Describe la posición del objeto comparando su posición con la de otros objetos. ¿Pudo tu compañero o compañera encontrar el objeto cuya posición estabas describiendo?

_____

_____

McGraw-Hill • Ciencias UNIDAD: LEVANTAR, EMPUJAR Y JALAR

Nombre _____ ACTIVIDAD DE EXPLORACIÓN 2

página 1

Investiga por qué es difícil jalar algunos objetos

Hipótesis ¿Por qué unos objetos son más difíciles de empujar o de jalar que otros? ¿Cómo puedes comprobar tus ideas?

Escribe una **hipótesis**:

_____
_____

Mide la fuerza que usas para jalar objetos diferentes.

Materiales

- balanza de resorte
- gafas protectoras
- 5 objetos del salón de clases

Instrucciones

 **¡ATENCIÓN!** Usa gafas protectoras.

1. **Observa** Observa tu balanza de resorte. ¿Cuál es el valor más alto que puede medir? _____

2. **Predice** ¿Qué objeto habrá que jalar con más fuerza para moverlo? Anota tu predicción. ¿A cuál habrá que darle el segundo jalón más fuerte? Anota esta predicción. Haz una predicción para cada uno de tus objetos.

_____
_____

3. **Mide** Cuelga la balanza de un objeto. Coloca ambas cosas sobre una superficie plana y lisa y jálalas a una velocidad uniforme. Anota el valor que indique la balanza. Repite la operación con otros objetos del salón de clases. ¿Fueron correctas tus predicciones?

_____
_____

Nombre _____   **ACTIVIDAD DE EXPLORACIÓN 2**
Investiga por qué es difícil jalar algunos objetos, página 2

Concluye y aplica

1. **Identifica** ¿Qué notaste al jalar un objeto con la balanza de resorte?
   _____

2. **Identifica** ¿Qué objetos alcanzaron los valores más altos?
   _____

3. **Explica** ¿Por qué para mover algunos objetos fue necesario jalar más?
   _____

Un paso más: Aplica

4. **Experimenta** ¿Cómo medirías la fuerza de atracción que mueve tu lonchera? ¿Cómo cambiaría la medida si sacaras el almuerzo de la lonchera?
   _____
   _____

🔎 Pregunta

Piensa en tus propias preguntas y cómo puedes comprobarlas. Entre dos objetos, ¿cómo podrías predecir qué objeto necesita más fuerza para jalarlo?

Mi pregunta es:
_____

Cómo puedo comprobarlo:
_____
_____

Mis resultados son: _____
_____

McGraw-Hill • Ciencias UNIDAD: LEVANTAR, EMPUJAR Y JALAR

Nombre _____ DESTREZAS EN ACCIÓN 2

página 1

Interpretar datos

Leer una gráfica de barras

Esta gráfica de barras indica el peso del perro en cada planeta y en la Luna. Cada barra nos da información o datos. Observa, por ejemplo, cómo la barra correspondiente a la Tierra está alineada con el 40 de la escala en libras de la izquierda. Mira ahora la barra de Júpiter. ¿Con qué número de la escala está alineada? Para responder esta pregunta debes interpretar datos.

Interpreta los datos de esta gráfica para responder las preguntas.

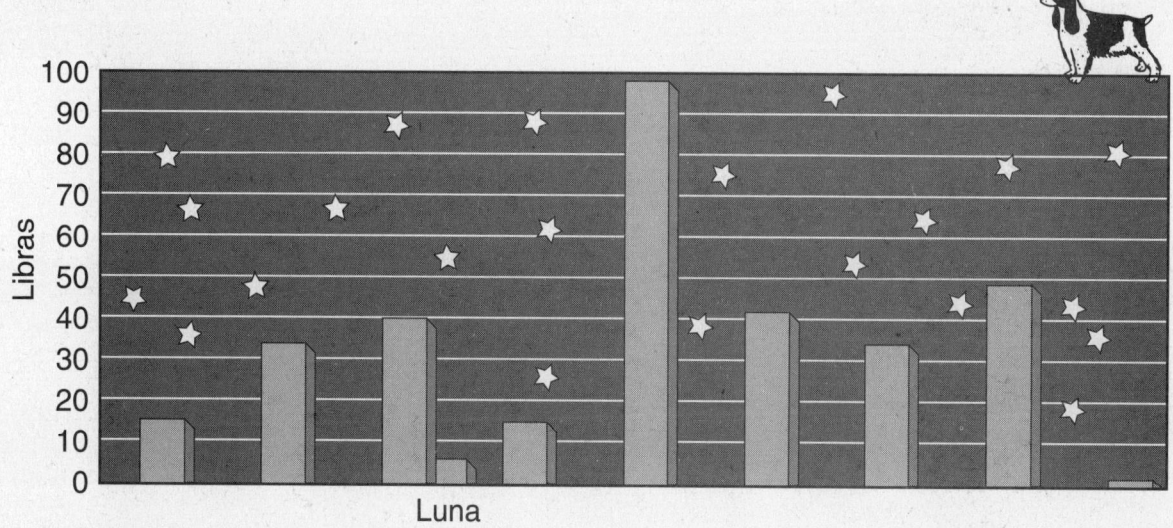

Mercurio   Venus   Tierra   Marte   Júpiter   Saturno   Urano   Neptuno   Plutón

Instrucciones

1. **Interpreta datos** ¿Cuánto pesa el perro en Marte?

_____

2. **Interpreta datos** ¿En qué planetas el perro pesa más que en la Tierra? ¿Y menos?

_____

_____

_____

Nombre _____ DESTREZAS EN ACCIÓN 2
Interpretar datos, página 2

3. Compara El perro pesa más en Júpiter que en Venus. ¿Cuánto más?

_____
_____

Concluye y aplica

Comunica Haz una tabla que muestre cómo has interpretado los datos de la pregunta 2.

Nombre _____ ACTIVIDAD DE EXPLORACIÓN 3

Investiga qué causa un cambio de movimiento

Hipótesis A veces los objetos cambian de posición y a veces se quedan quietos. ¿Qué debes hacer para que un objeto que está inmóvil se mueva? ¿Cómo puedes comprobar tus ideas?

Escribe una **hipótesis:**

_____

_____

Experimenta para averiguar qué hace moverse a un objeto que está inmóvil.

Materiales
- 2 sujetapapeles
- arandelas
- cuerda
- tijeras
- gafas protectoras

Instrucciones

¡ATENCIÓN! Usa gafas protectoras.

1. Corta una cuerda en dos trozos más cortos que el ancho de tu escritorio. Anúdalos y coloca el nudo en el centro del escritorio, de modo que los cabos cuelguen de bordes opuestos. Forma dos ganchos con sujetapapeles y ata cada uno a un extremo de la cuerda.

2. **Predice** Sujeta el nudo y cuelga dos arandelas de uno de los dos ganchos. ¿Qué pasará si sueltas el nudo? Escribe tu predicción. Comprueba tu predicción.

_____

3. **Predice** Cuelga una arandela de cada gancho mientras sujetas el nudo. Predice lo que ocurrirá si lo sueltas. Comprueba tu predicción.

_____

4. **Experimenta** ¿Qué puedes hacer con las arandelas para mover el nudo hacia un borde del escritorio? Comprueba tu idea.

_____

Nombre _____ ACTIVIDAD DE EXPLORACIÓN 3

Investiga qué causa un cambio de movimiento, página 2

Concluye y aplica

1. **Compara** ¿Qué observaste en los pasos 2 y 3?
   _____
   _____

2. **Explica** ¿Por qué no se movió el nudo en el paso 3? ¿Qué hiciste para mover el nudo en el paso 4?
   _____
   _____
   _____

Un paso más: Resolución de problemas

3. **Experimenta** ¿Cómo puedes llevar otra vez el nudo hasta el centro del escritorio?
   _____

❓ Pregunta

Piensa en tus propias preguntas y cómo puedes comprobarlas.

Mi pregunta es:
_____
_____

Cómo puedo comprobarlo:
_____
_____

Mis resultados son:
_____
_____

Nombre _____ HAZ LA PRUEBA 3
página 1

Canicas en movimiento

Hipótesis ¿Cómo pueden ayudarte unas canicas a reducir la fricción?

Escribe una **hipótesis**:

_____

_____

Materiales

- 10-20 canicas
- tapa de un frasco
- bloque de madera

Instrucciones

1. **Observa** Empuja el bloque de madera sobre la superficie de tu escritorio. Describe lo que notas.

   _____

2. **Experimenta** Coloca las canicas debajo de la tapa y coloca el bloque encima.

3. **Observa** Vuelve a empujar el bloque sobre tu escritorio. ¿Qué notas ahora?

   _____

Nombre _____ HAZ LA PRUEBA 3
Canicas en movimiento, página 2

Concluye y aplica

1. Identifica ¿Cuándo notaste más fricción, con el bloque solo o con el bloque sobre la tapa?
_____

2. Explica ¿Cómo te ayudaron las canicas a reducir la fricción?
_____
_____

Un paso más ¿Qué pasaría si colocaras un pedazo de papel de lija debajo del bloque e intentaras empujarlo sobre tu escritorio?
_____

Nombre _____ ACTIVIDAD DE EXPLORACIÓN 4

Investiga qué es trabajo

Hipótesis ¿Qué es trabajo? Escribe tu propia definición de trabajo. ¿Cómo aplicas esa definición a diferentes actividades?

Escribe una **hipótesis:**

_____

_____

Usa tu definición de trabajo para clasificar las siguientes acciones. ¿Tiene sentido tu definición?

Materiales

- 4 libros
- lápiz

Instrucciones

1. **Experimenta** Realiza las siguientes acciones.
   - Coloca cuatro libros en el piso y levanta uno.
   - Coloca cuatro libros en el piso y levántalos todos.
   - Coloca un libro sobre tu escritorio y apoya con fuerza una mano sobre el libro.
   - Toma un lápiz de tu escritorio.
   - Empuja una pared con todas tus fuerzas.

2. **Clasifica** Después de cada acción, pregúntate: "¿hice un trabajo?". Revisa tu definición. ¿Corresponde a lo que acabas de hacer? Explica lo que piensas a un compañero o compañera y decidan si cada acción fue o no trabajo.

_____

_____

_____

_____

McGraw-Hill • Ciencias UNIDAD: LEVANTAR, EMPUJAR Y JALAR

Nombre _____ **ACTIVIDAD DE EXPLORACIÓN 4**
Investiga qué es trabajo, página 2

Concluye y aplica

1. **Evalúa** Revisa tus respuestas a la pregunta "¿hice un trabajo?" y saca tus conclusiones. ¿Ves un patrón? ¿Cuál?

   _____
   _____

2. **Comunica** En otro papel, escribe una oración para cada acción que explique por qué las clasificaste como lo hiciste.

Un paso más: Aplica

3. **Evalúa** ¿Cómo clasificarían estas acciones diferentes personas? Por ejemplo, ¿levantar un libro sería un trabajo para un bebé? ¿Levantar cuatro libros sería un trabajo para un adulto?

   _____
   _____
   _____
   _____

Pregunta

Piensa en tus propias preguntas y cómo puedes comprobarlas. ¿Es un trabajo hacer la tarea en casa?

Mi pregunta es:

_____

Cómo puedo comprobarlo:

_____

Mis resultados son:

_____

McGraw-Hill • Ciencias UNIDAD: LEVANTAR, EMPUJAR Y JALAR

Nombre _____ HAZ LA PRUEBA 4
página 1

Cambio de energía

Hipótesis ¿Qué pasa cuando frotas un bloque de madera con papel de lija?

Escribe una **hipótesis:**

_____

_____

_____

Materiales

- bloque de madera
- papel de lija
- gafas protectoras

Instrucciones

¡ATENCIÓN! Usa gafas protectoras.

1. **Observa** Toca el bloque de madera para saber cuál es su temperatura.

2. **Observa** Frota el bloque con el papel de lija unas 20 veces. ¿Qué sientes en la punta de los dedos?

_____

_____

McGraw-Hill • Ciencias UNIDAD: LEVANTAR, EMPUJAR Y JALAR

Nombre _____ HAZ LA PRUEBA 4
Cambio de energía, página 2

Concluye y aplica

Explica ¿Qué ha ocurrido con la temperatura del bloque de madera?
_____
_____

Un paso más Estuviste mucho tiempo afuera construyendo un muñeco de nieve. Tus pies están congelados. ¿Cómo usarías las fricción para calentar tus pies?
_____
_____
_____

McGraw-Hill • Ciencias UNIDAD: LEVANTAR, EMPUJAR Y JALAR

Nombre _____ ACTIVIDAD DE EXPLORACIÓN 5

página 1

Crea tu experimento

¿Cómo puedes hacer más fácil el trabajo?

Hipótesis Imagina que quieres mover un objeto, pero requiere muchísima fuerza. ¿Cómo puedes conseguirlo? ¿Cómo puedes comprobar tus ideas?

Escribe una **hipótesis:**

_____
_____

Materiales

- rollo de cinta adhesiva opaca
- materiales de construcción
- gafas protectoras

Instrucciones

 ¡ATENCIÓN! Usa gafas protectoras.

1. **Pregunta** ¿Qué se te ocurre para subir el rollo de cinta desde el piso hasta tu escritorio? Puedes aprovechar la fuerza de tus manos, pero está prohibido agarrar el rollo y ponerlo arriba.

2. **Comunica** Piensa junto con varios compañeros en todas las formas posibles de levantar el rollo. Escribe o dibuja dos de tus planes. Usa otra hoja de papel si lo necesitas.

3. **Experimenta** Prueba uno de tus planes (con permiso del maestro o de la maestra) y anota lo que suceda. ¿Funcionó? Si no es así, ¿qué puedes hacer para mejorarlo? Prueba con el otro.

_____
_____
_____

McGraw-Hill • Ciencias UNIDAD: LEVANTAR, EMPUJAR Y JALAR

Nombre _____   ACTIVIDAD DE EXPLORACIÓN 5
Crea tu experimento, página 2

Concluye y aplica

1. **Compara** ¿Cuál de los dos planes funcionó mejor?
   _____
   _____

2. **Identifica** ¿Qué materiales usaste en el plan que funcionó mejor?
   _____
   _____

3. **Explica** ¿Qué fuerzas usaste? ¿Contra qué fuerza trabajaste?
   _____
   _____

Un paso más: Aplica

4. **Evalúa** ¿Por qué crees que unos métodos funcionaron mejor que otros?
   _____
   _____

Pregunta

Piensa en tus propias preguntas y cómo puedes comprobarlas. Si tuvieras diferentes materiales, ¿podrías levantar el rollo?

Mi pregunta es:
_____

Cómo puedo comprobarlo:
_____

Mis resultados son:
_____

Nombre _____

HAZ LA PRUEBA 5
página 1

Construye una palanca

Hipótesis ¿Qué sucedería si cambiaras la posición del punto de apoyo en una palanca?

Escribe una **hipótesis:**

_____

_____

_____

Materiales

- plastilina
- regla
- lápiz
- 2 bloques pequeños

Instrucciones

1. Sujeta con plastilina un lápiz a tu escritorio y coloca la regla sobre el centro del lápiz.

2. **Experimenta** En un extremo de la regla coloca 2 bloques y en el otro extremo, trocitos de plastilina. ¿Cuánta plastilina hace falta para levantar los bloques? ¿Qué ocurre si quitas un bloque?

_____

_____

3. **Experimenta** Cambia la posición de la regla sobre el lápiz y repite el paso 2. ¿Cómo cambian los resultados?

_____

_____

_____

McGraw-Hill • Ciencias UNIDAD: LEVANTAR, EMPUJAR Y JALAR

Nombre _____ **HAZ LA PRUEBA 5**
Construye una palanca, página 2

Concluye y aplica

1. **Comunica** Dibuja tu palanca en el espacio de abajo e indica la fuerza, la carga y el punto de apoyo. Describe cómo funciona tu palanca.

   _____
   _____
   _____

2. **Saca conclusiones** ¿Cómo influye la posición del lápiz en la cantidad de fuerza necesaria para levantar la carga?

   _____
   _____
   _____

Un paso más Nombra algunas palancas que hayas visto en acción.

_____
_____
_____

Nombre _____ ACTIVIDAD DE EXPLORACIÓN 6

página 1

Investiga cómo las rampas hacen más fácil el trabajo

Hipótesis Quienes construían pirámides en tiempos remotos quizás usaban rampas para mover las piedras. ¿Cómo hacen las rampas más fácil el trabajo? ¿Cómo puedes comprobar tus ideas?

Escribe una **hipótesis:**

_____

_____

Descubre cómo las rampas facilitan el trabajo.

Materiales

- tabla de madera de 1 metro
- cuaderno de espiral
- gafas protectoras
- balanza de resorte
- 30 cm de cuerda
- silla
- regla de medir

Instrucciones

 ¡ATENCIÓN! Usa gafas protectoras.

1. Apoya un borde de la tabla sobre el asiento de la silla. Ata una punta de la cuerda al extremo de la balanza y la otra al centro de la espiral del cuaderno.

2. **Mide** Mide la fuerza necesaria para levantar el cuaderno hasta la altura del asiento. Mide también la distancia recorrida y anota las medidas.

_____

3. **Mide** Mide la fuerza necesaria para llevar el cuaderno por la tabla hasta el asiento. Mide luego la distancia recorrida y anota las medidas.

McGraw-Hill • Ciencias UNIDAD: LEVANTAR, EMPUJAR Y JALAR

Nombre _____ **ACTIVIDAD DE EXPLORACIÓN 6**
Investiga cómo las rampas hacen más fácil el trabajo, página 2

4. Experimenta Mueve la tabla de manera que forme una pendiente más inclinada y repite el paso 3.

_____
_____

Concluye y aplica

1. Interpreta datos Observa las medidas. ¿Con qué método se necesitó más fuerza para mover el cuaderno? ¿Con cuál se movió el cuaderno a una distancia mayor?

_____
_____

2. Compara Analiza los tres métodos. ¿Cuáles son las ventajas de cada uno? ¿Y las desventajas?

_____
_____
_____
_____

Un paso más: Aplica

3. Evalúa ¿Qué método usarías para colocar un animal de peluche en un estante? ¿Y para subir una bicicleta a un camión?

_____
_____

Nombre _____ ACTIVIDAD DE EXPLORACIÓN 6

Investiga cómo las rampas hacen más fácil el trabajo, página 3

❓ Pregunta

Piensa en tus propias preguntas y cómo puedes comprobarlas.
¿Cómo afecta la superficie de empuje a la fuerza requerida?

Mi pregunta es:

_____
_____

Cómo puedo comprobarlo:

_____
_____

Mis resultados son:

_____
_____

McGraw-Hill • Ciencias UNIDAD: LEVANTAR, EMPUJAR Y JALAR

Nombre _____ DESTREZAS EN ACCIÓN 6

página 1

Usar los números

Evaluar diferencias

Sabes que un tornillo es una máquina simple que hace más fácil el trabajo. Como cualquier otro plano inclinado, el tornillo permite aplicar menos fuerza sobre una distancia mayor. Hay tornillos de muchas formas y tamaños. Algunos hacen más fácil el trabajo que otros. ¿Cómo?

En el siguiente diagrama hay tres tornillos. En esta actividad usarás números para evaluar las características de cada tornillo. Luego usarás esa información para inferir cuál de los tornillos hace más fácil el trabajo que otros.

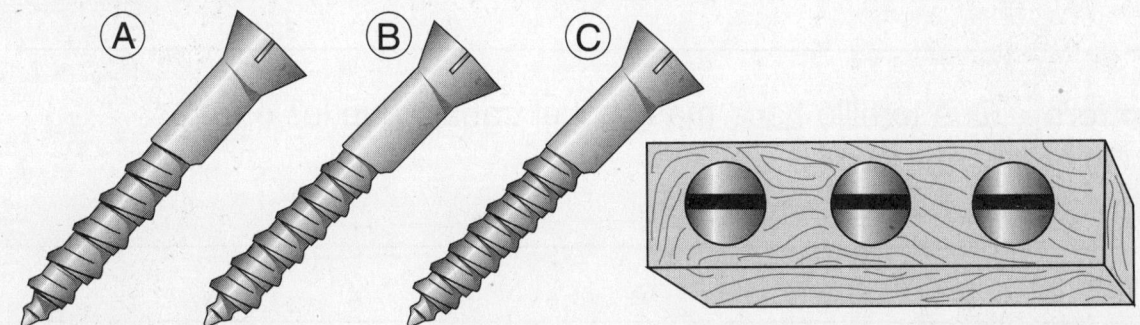

Materiales

- regla

Instrucciones

1. **Mide** ¿Cuánto mide de ancho la cabeza de cada tornillo? ¿Cuánto mide de largo cada tornillo? Anota las medidas en la tabla.

2. **Usa los números** ¿Cuántas roscas tiene cada tornillo? Anota la información en la tabla.

Tornillo	A	B	C
Ancho			
Largo			
Número de roscas			

McGraw-Hill • Ciencias UNIDAD: LEVANTAR, EMPUJAR Y JALAR

Nombre _____ DESTREZAS EN ACCIÓN 6
Usar los números, página 2

Concluye y aplica

1. **Compara** ¿Qué diferencias hay entre el ancho y el largo de los tornillos? ¿Y entre el número de roscas de cada uno?

   _____
   _____
   _____

2. **Explica** ¿Qué relación hay entre el número de roscas y el largo del plano inclinado de cada tornillo?

   _____
   _____

3. **Infiere** ¿Qué tornillo hace más fácil el trabajo que los otros? ¿Cómo lo sabes?

   _____
   _____
   _____

Nombre _____ ACTIVIDAD DE EXPLORACIÓN 1

Investiga qué objeto ocupa más espacio

Hipótesis ¿Qué ocurrirá si pones objetos diferentes en un recipiente con agua? ¿Cómo puedes comprobarlo?

Escribe una **hipótesis**:

_____

_____

Para comprobar qué objeto ocupa más espacio, coloca distintas cosas en un recipiente con agua.

Materiales

- vaso de plástico de 12 oz con agua hasta la mitad
- marcadores de distintos colores
- plastilina
- objetos del salón de clases

Instrucciones

1. **Mide** Halla el nivel del agua. Usa un marcador para indicar en la parte exterior del vaso el nivel del agua.

2. **Predice** ¿Qué ocurrirá con el nivel del agua cuando pongas la plastilina dentro del vaso? Anota tu predicción.

_____

3. **Observa** Coloca la plastilina dentro del vaso. ¿Qué ocurre? Indica con otro color el nuevo nivel del agua. Saca la plastilina.

_____

4. **Predice** Observa los otros objetos. ¿Cuál de ellos cambiará más el nivel del agua cuando lo pongas en el vaso? Anota tu predicción.

_____

_____

5. **Experimenta** Repite el paso 2 con los demás objetos uno a uno. Indica con un color distinto cada nivel del agua.

Nombre _____   **ACTIVIDAD DE EXPLORACIÓN 1**
Investiga qué objeto ocupa más espacio, página 2

Concluye y aplica

1. **Identifica** ¿Qué ocurrió cada vez que pusiste un objeto en el vaso? ¿Por qué?

   _____

   _____

2. **Compara** ¿Cómo cambió el nivel del agua con cada nuevo objeto? ¿Por qué?

   _____

   _____

3. **Saca conclusiones** ¿Qué objeto ocupa más espacio? ¿Cómo lo sabes?

   _____

   _____

Un paso más: Resolución de problemas

4. **Experimenta** ¿Qué ocurrirá con el nivel del agua si cambias la forma del trozo de la plastilina?

   _____

   _____

❓ Preguntas

Piensa en tus propias preguntas y cómo puedes comprobarlas. ¿Qué causará un cambio mayor en el nivel del agua: un objeto pesado o un objeto liviano? Escribe tu pregunta, una forma de comprobarla y los resultados en una hoja de papel.

Mi pregunta es:

Nombre _____   HAZ LA PRUEBA 1
página 1

Mide masas

Hipótesis ¿Tienen los objetos del salón de clases masas diferentes?

Escribe una **hipótesis**:

_____

_____

Materiales

- balanza
- objetos pequeños
- 30 sujetapapeles

Instrucciones

1. Estima la masa de cada objeto y anota tus estimaciones.

   _____

   _____

2. **Mide** Mide la masa de los objetos. Pon cada objeto en un platillo de la balanza. Pon sujetapapeles en el otro hasta que ambos platillos se equilibren. Anota el número de sujetapapeles que usaste para equilibrar cada objeto.

3. **Usa los números** ¿Cuál es la masa de cada objeto? (Recuerda que dos sujetapapeles equivalen a un gramo.) Anota la masa de cada objeto en la tabla.

Objeto	Número de sujetapapeles	Masa del objeto (gramos)

McGraw-Hill • Ciencias UNIDAD: MATERIA Y ENERGÍA

Nombre _____ **HAZ LA PRUEBA 1**
Mide masas, página 2

Concluye y aplica

1. **Compara** ¿Qué relación hay entre las masas estimadas y las que mediste?

   _____

2. **Planea** ¿Cómo hallarías la masa de tu zapato? ¿Cuántos sujetapapeles necesitarías?

   _____
   _____

Un paso más Una moneda de 5¢ equivale a unos 5 gramos. ¿Cómo puedes utilizar estas monedas para averiguar la masa de los objetos de tu salón de clases? Escribe y lleva a cabo un experimento.

Mi hipótesis es:

_____
_____
_____

Mi experimento es:

_____
_____
_____
_____

Mis resultados son:

_____
_____
_____

Nombre _____ ACTIVIDAD DE EXPLORACIÓN 2

Crea tu experimento

¿Cómo puedes clasificar la materia?

Hipótesis ¿Cómo puedes saber si un material es sólido o líquido? ¿Cómo puedes comprobar tus ideas?

Escribe una **hipótesis**:

_____

_____

_____

Materiales

- instrumentos de investigación
- recipiente de plástico con Oobleck
- periódico
- gafas protectoras

Instrucciones

¡ATENCIÓN! Usa gafas protectoras.

1. **Observa** Observa el Oobleck. ¿Qué aspecto tiene? ¿Cómo es al tacto? Anota tus observaciones.

_____

2. **Experimenta** Examina el Oobleck de varias maneras con los instrumentos de investigación. ¿Qué cosas nuevas observas? Anota tus observaciones.

_____

_____

3. **Clasifica** Examina tus observaciones sobre el Oobleck. Luego revisa tus definiciones de sólido y líquido. ¿Qué es el Oobleck, un sólido o un líquido? ¿Puede ser ambas cosas? ¿Por qué?

_____

McGraw-Hill • Ciencias UNIDAD: MATERIA Y ENERGÍA

Nombre _____   **ACTIVIDAD DE EXPLORACIÓN 2**
Crea tu experimento, página 2

Concluye y aplica

1. Comunica ¿Qué propiedades del Oobleck observaste?

_____
_____

2. Explica ¿Cómo clasificaste el Oobleck? ¿Qué observaciones te ayudaron a tomar tu decisión?

_____
_____

Un paso más: Resolución de problemas

3. Hipótesis ¿De qué crees que está hecho el Oobleck? ¿Cómo puedes confirmar tu idea?

_____
_____

❓ Preguntas

Piensa en tus propias preguntas y cómo puedes comprobarlas. ¿Qué más puedes descubrir sobre el Oobleck?

Mi pregunta es:
_____

Cómo puedo comprobarlo:
_____
_____

Mis resultados son:
_____
_____

McGraw-Hill • Ciencias UNIDAD: MATERIA Y ENERGÍA

Nombre _____ DESTREZAS EN ACCIÓN 2

página 1

Comunicar

Hacer una tabla

Cuando te comunicas, intercambias información con otras personas. Los científicos comunican lo que aprenden de sus experimentos. Por ejemplo, pueden decir para qué se puede usar la nueva información. Para comunicarte puedes hablar, o hacer un dibujo, un cuadro, una tabla o una gráfica.

Puedes comunicar lo que ya sabes sobre las propiedades de los sólidos, líquidos y gases. Observa la ilustración de esta página para contestar las siguientes preguntas.

Instrucciones

1. **Observa** Mira la ilustración. ¿Qué estados de la materia ves? ¿Qué propiedades tiene la materia en cada uno de esos estados? Anota tus observaciones.

   _____
   _____
   _____
   _____

McGraw-Hill • Ciencias UNIDAD: MATERIA Y ENERGÍA

Nombre _____

DESTREZAS EN ACCIÓN 2
Comunicar, página 2

2. Comunica Básate en tus observaciones para completar la tabla.

Estados de la materia	Propiedades

Concluye y aplica

1. Saca conclusiones ¿Qué tienen en común los sólidos y los líquidos? ¿En qué se diferencian?

_____
_____
_____

2. Comunica Da un ejemplo de un sólido, un líquido y un gas. Escribe una oración para explicar lo que sabes sobre la forma y el volumen de cada uno de ellos.

_____
_____
_____
_____

Nombre _____ ACTIVIDAD DE EXPLORACIÓN 3

página 1

Investiga qué atraen los imanes

Hipótesis ¿Qué objetos atraerá el imán?

Escribe una **hipótesis**:

_____

_____

_____

Materiales

- imán
- varios objetos

Instrucciones

1. **Observa** Fíjate en los objetos. ¿Qué propiedades observas? Anota tus observaciones.

   _____

2. **Predice** ¿Qué objetos serán atraídos por el imán? Anota tus predicciones.

   _____

3. **Experimenta** Comprueba tus predicciones. Pide un imán a tu maestro o maestra y comprueba si atrae a cada objeto. Anota los resultados.

   _____

Concluye y aplica

1. **Clasifica** Observa los resultados de tus pruebas. ¿Qué objetos atrajo el imán? ¿Cuáles no? Prepara dos listas. En una escribe los nombres de los objetos atraídos por el imán. En otra, los de los objetos no atraídos por el imán. Pon un título a cada lista.

_____

McGraw-Hill • Ciencias UNIDAD: MATERIA Y ENERGÍA

Nombre _____ **ACTIVIDAD DE EXPLORACIÓN 3**
Investiga qué atraen los imanes, página 2

2. Compara Lee la lista de los objetos atraídos por el imán. ¿Tienen alguna propiedad en común? Anota tus ideas. Ahora fíjate en la lista de los objetos no atraídos. ¿Cómo son? Anota tus ideas.

_____
_____

Un paso más: Aplica

3. ¿Qué conclusiones sacas sobre las cosas que son atraídas por los imanes?

_____
_____
_____

Preguntas

Piensa en tus propias preguntas y cómo puedes comprobarlas. ¿Puedes usar un imán para separar objetos?

Mi pregunta es:
_____

Cómo puedo comprobarlo:
_____
_____

Mis resultados son:
_____

Nombre _____ HAZ LA PRUEBA 3
página 1

Un tazón de hierro

Hipótesis Si lees la etiqueta de una caja de cereales, probablemente verás la palabra hierro en la lista de ingredientes. ¿Crees que hay realmente hierro en los cereales?

Escribe una **hipótesis**:

_____

_____

Materiales

- una caja de cereales enriquecidos
- bolsa de plástico para sándwiches
- imán
- papel blanco

Instrucciones

1. Vierte los cereales en una bolsa de plástico. Mete también el imán y cierra la bolsa.

2. Agita la bolsa durante varios minutos. Retira con cuidado el imán y ponlo sobre un papel blanco.

3. **Observa** ¿Qué ves en el imán?

_____

_____

Concluye y aplica

Predice ¿Qué ocurriría si hicieras el mismo experimento con cereales sin hierro?

_____

_____

McGraw-Hill • Ciencias UNIDAD: MATERIA Y ENERGÍA

Nombre _____ **HAZ LA PRUEBA 3**
Un tazón de hierro, página 2

Un paso más: ¿Contienen los diferentes cereales del desayuno diferentes cantidades de hierro? ¿Cómo puedes comparar la cantidad de hierro en los cereales? Escribe y realiza un experimento.

Mi hipótesis es:

_____
_____
_____

Mi experimento es:

_____
_____
_____
_____

Mis resultados son:

_____
_____
_____
_____

McGraw-Hill • Ciencias UNIDAD: MATERIA Y ENERGÍA

Nombre _____ ACTIVIDAD DE EXPLORACIÓN 4

Investiga cuánto se calientan las cosas

Hipótesis Puedes medir cuánto se calientan la tierra y el agua cuando están expuestas a la misma cantidad de calor. ¿Se calentará un tipo de materia más que el otro? ¿Cómo puedes comprobar tus ideas?

Escribe una **hipótesis**:

_____

_____

Materiales

- tierra
- 2 termómetros
- agua
- 2 vasos de estireno
- fuente de calor (luz solar o lámpa)

Instrucciones

1. Llena de agua uno de los vasos. Coloca una cantidad igual de tierra en el otro vaso.

2. **Mide** Mide con los termómetros lo caliente que están la tierra y el agua. Anota las medidas.

   _____

3. **Predice** Estima lo caliente que estarán la tierra y el agua si se exponen al calor por 15 minutos. Anota tus estimaciones y después coloca la tierra y el agua a la misma distancia de una fuente de calor.

   _____

4. **Mide** Anota los valores indicados por los termómetros cada 5 minutos durante 15 minutos.

   _____

5. **Usa los números** Halla la diferencia entre el primer valor y el último. Para hacerlo, resta la primera medida de la última.

McGraw-Hill • Ciencias UNIDAD: MATERIA Y ENERGÍA

Nombre _____ **ACTIVIDAD DE EXPLORACIÓN 4**

Investiga cuánto se calientan las cosas, página 1

Concluye y aplica

1. Identifica ¿Qué materia se calentó más? ¿Cómo lo sabes?

_____

_____

2. Compara ¿Se acercan tus estimaciones a las medidas reales?

_____

Un paso más: Aplica

3. Infiere ¿Por qué es importante colocar la tierra y el agua a igual distancia de la fuente de calor?

_____

_____

Preguntas

Piensa en tus propias preguntas y cómo puedes comprobarlas. Si el agua y la arena estuvieran expuestas a la misma cantidad de calor, ¿cuál se calentaría más?

Mi pregunta es:

_____

Cómo puedo comprobarlo:

_____

_____

_____

Mis resultados son:

_____

Nombre _____ HAZ LA PRUEBA 4

Dilatación y contracción

Hipótesis ¿Se dilatan los gases al calentarse? ¿Se contraen cuando se enfrían?

Escribe una **hipótesis:**

_____

_____

Materiales

- globo
- botella de plástico de 2 litros
- cubo de agua caliente
- cubo de agua fría

Instrucciones

1. Estira la abertura del globo alrededor de la boca de la botella.

2. **Predice** ¿Qué pasará cuando pongas la botella en el cubo de agua caliente? Comprueba tu predicción.

_____

_____

_____

_____

3. **Predice** ¿Qué pasará cuando pongas la botella en el cubo de agua fría? Comprueba tu predicción.

_____

_____

_____

_____

Nombre _____ **HAZ LA PRUEBA 4**
Dilatación y contracción, página 2

Concluye y aplica

1. **Comunica** ¿Qué le pasó al globo cuando pusiste la botella en agua caliente? ¿Y en agua fría?

   _____
   _____
   _____

2. **Saca conclusiones** ¿Qué les pasó a las partículas de aire cuando la botella estaba en el agua caliente? ¿Y en el agua fría?

   _____
   _____
   _____
   _____

Un paso más ¿Afecta el tamaño de la botella cómo se expande el globo? Escribe y realiza un experimento.

Mi hipótesis es:
_____
_____

Mi experimento es:
_____
_____

Mis resultados son:
_____
_____

Nombre _____ ACTIVIDAD DE EXPLORACIÓN 5

Investiga qué materiales atraviesa la luz

Hipótesis ¿Qué tipo de materiales atraviesa la luz? ¿Cómo puedes comprobar tus ideas?

Escribe una **hipótesis:**

_____

Experimenta con estos materiales para ver cuáles dejan pasar la luz.

Materiales

- linterna
- globo grande
- materiales del salón de clases

Instrucciones

1. **Experimenta** Sostén cada material frente a la linterna encendida. ¿Lo atraviesa la luz? Anota tus observaciones.

   _____
   _____

2. **Observa** Infla el globo y mira a través de él. ¿Qué observas?

   _____

3. **Experimenta** Intenta cambiar la forma de los otros materiales. Puedes doblar los papeles para hacerlos más gruesos o arrugar el plástico. Luego, vuelve a ponerlos frente a la linterna. Anota los cambios que hiciste y tus nuevas observaciones.

   _____
   _____
   _____
   _____

Nombre _____

ACTIVIDAD DE EXPLORACIÓN 5
Investiga qué materiales atraviesa la luz, página 2

Concluye y aplica

1. **Clasifica** ¿Qué materiales atravesó la luz? Escríbelos en una lista. ¿Qué materiales no dejaron pasar la luz? Haz otra lista de esos materiales.

   _____
   _____

2. **Explica** ¿Qué efecto tuvieron los cambios hechos en cada uno de los materiales?

   _____
   _____
   _____

Un paso más: Aplica

3. **Identifica** Fíjate en la lista de los materiales que dejan pasar la luz. ¿Qué propiedades tienen en común?

   _____
   _____

Preguntas

Piensa en tus propias preguntas y cómo puedes comprobarlas. ¿Qué otros materiales comprobarías?

Mi pregunta es:

_____

Cómo puedo comprobarlo:

_____

Mis resultados son:

_____

Nombre _____ DESTREZAS EN ACCIÓN 5

página 1

Usar variables

Controlar un experimento

Las variables de un experimento son las cosas que se pueden cambiar o controlar en él. Por ejemplo, imagina que quieres contestar la siguiente pregunta: *¿Qué cosas afectan la desviación de la luz en un líquido?* Éstas son algunas variables que pueden cambiarse:

- el tipo de líquido que uses
- el tamaño del recipiente que uses
- la posición del objeto en el líquido

Instrucciones

1. **Compara** Mira atentamente los recipientes de la foto. ¿Qué diferencias observas? Descríbelas abajo. Estas diferencias son las variables. Haz una lista de todas las variables que puedas identificar en el lado izquierdo de la tabla de la página siguiente. Se da la primera variable.

_____
_____
_____
_____

McGraw-Hill • Ciencias UNIDAD: MATERIA Y ENERGÍA

69

Nombre _____ **DESTREZAS EN ACCIÓN 5**
Usar variables, página 2

2. **Comunica** Completa la tabla. Después de identificar todas las variables que puedas, indica cómo podrías controlar cada variable.

_____
_____
_____

Variables	Control
Recipiente	

Concluye y aplica

Identifica ¿Qué variable cambiarías para ver el efecto que produce sobre la desviación de la luz? ¿Por qué?

_____
_____
_____

Nombre _____ ACTIVIDAD DE EXPLORACIÓN 6

Investiga por qué se enciende la bombilla

Hipótesis A menudo combinas de distintas maneras algunas cosas para que funcionen. ¿Cómo puedes combinar una bombilla, un cable y un generador para que la bombilla se ilumine? ¿Cómo puedes comprobar tus ideas?

Escribe una **hipótesis:**

_____

_____

Comprueba qué hace que la bombilla se ilumine cuando combinas las cosas de formas diferentes.

Materiales

- pila D
- bombilla pequeña
- 20 cm de cable

Instrucciones

1. **Observa** Observa la bombilla, el cable y la pila. ¿Cómo puedes combinar las tres cosas para que la bombilla se encienda? Anota las ideas que se te ocurran.

_____

_____

2. **Experimenta** Intenta encender la bombilla. Dibuja las diferentes combinaciones que pruebes. Anota cuáles funcionan y cuáles no.

Concluye y aplica

1. **Identifica** ¿Cuántas maneras de encender la bombilla descubriste? ¿Cuántas combinaciones no funcionaron?

_____

McGraw-Hill • Ciencias UNIDAD: MATERIA Y ENERGÍA

Nombre _____ ACTIVIDAD DE EXPLORACIÓN 6
Investiga por qué se enciende la bombilla, página 2

2. Compara ¿En qué se parecen las combinaciones que encendían la bombilla? ¿En qué se diferencian de las combinaciones que no la encendían?

_____
_____
_____
_____

Un paso más: Aplica

3. Saca conclusiones ¿Cómo debes combinar la bombilla, el cable y la pila para encender la bombilla?

_____
_____
_____

❓ Preguntas

Piensa en tus propias preguntas y cómo puedes comprobarlas. ¿Cómo puedes cambiar tu combinación y que la bombilla se encienda?

Mi pregunta es:
_____

Cómo puedo comprobarlo:
_____

Mis resultados son:
_____

Nombre _____   HAZ LA PRUEBA 6
página 1

Haz una linterna

Hipótesis Una linterna es una fuente de luz cuyo generador es una pila. ¿Cómo combinarías los materiales para hacer un modelo de una linterna?

Escribe una **hipótesis:**

_____
_____
_____
_____

Materiales

- 2 pilas D
- tubo de papel
- 30 cm de cable
- bombilla de linterna

Instrucciones

Haz un modelo Usa los materiales para construir un modelo de una linterna.

Concluye y aplica

1. **Explica** ¿En qué se parece tu modelo a una linterna auténtica? ¿En qué se diferencia?

_____
_____
_____
_____

Nombre _____

HAZ LA PRUEBA 6
Haz una linterna, página 2

2. Comunica Representa en un diagrama el circuito de tu modelo. ¿Cómo se activa y desactiva el circuito?

_____
_____
_____

Un paso más La electricidad puede fluir a través de algunos tipos de materiales pero no de otros. ¿Cómo puedes usar un circuito para descubrir si la electricidad puede fluir a través de determinados materiales? Escribe y realiza un experimento.

Mi hipótesis es:

_____
_____

Mi experimento es:

_____
_____
_____
_____
_____

Mis resultados son:

_____
_____
_____

Nombre _____ ACTIVIDAD DE EXPLORACIÓN 1

Investiga cuál es la causa del día y de la noche

Hipótesis El Sol nos da mucha luz durante el día. ¿Adónde va el Sol por la noche? ¿Cómo puedes comprobar tus ideas?

Escribe una **hipótesis:**

_____

Usa un modelo para investigar cuál es la causa del día y de la noche.

Materiales
- de 2 a 5 papelitos autoadhesivos medianos
- globo terráqueo
- linterna

Instrucciones

1. **Haz un modelo** Escribe en un papelito autoadhesivo "Aquí vivo yo" y ponlo sobre Estados Unidos en el globo. Busca otro lugar en el lado opuesto del globo, quizás donde viva algún amigo, y escribe en otro papelito "Aquí vive mi amigo". Ponlo en el globo.

2. Apaga la luz del cuarto. Una persona sujetará el globo (la Tierra), otra manejará la linterna (el Sol) y una tercera anotará los resultados.

3. **Observa** Alumbra con la linterna el lugar donde vives. ¿Es allí de día? ¿Y dónde vive tu amigo?

_____
_____

4. **Experimenta** Piensa en dos maneras de hacer que anochezca donde vives. Usa el globo y la linterna para ponerlas en práctica. Anota tus observaciones.

_____
_____

McGraw-Hill • Ciencias UNIDAD: EL SOL Y SU FAMILIA

Nombre _____ **ACTIVIDAD DE EXPLORACIÓN 1**
Investiga cuál es la causa del día y de la noche, página 2

Concluye y aplica

1. **Explica** ¿Cómo convertiste el día en noche la primera vez? ¿Y la segunda?

   _____

   _____

2. **Compara** Compara las ideas de tu grupo con las de otros grupos.

   _____

   _____

Un paso más: Aplica

3. **Identifica** ¿Qué situación representa mejor lo que sabes acerca del día y de la noche? ¿Por qué?

   _____

   _____

❓ Pregunta

Piensa en tus propias preguntas y cómo puedes comprobarlas. ¿Cómo puedes saber en qué país es de noche ahora?

Mi pregunta es:

_____

Cómo puedo comprobarlo:

_____

_____

Mis resultados son:

_____

Nombre _____ HAZ LA PRUEBA 1
página 1

Reloj de sol

Hipótesis ¿Cómo puedes medir la trayectoria cambiante del Sol?

Escribe una **hipótesis:**

_____

_____

Materiales

- lápiz
- marcador
- papel pegado a un cartón
- plastilina

Instrucciones

1. A las 9 a.m. de un día soleado, sal afuera con tus materiales. Pon el papel sobre el suelo y clava el lápiz en el centro usando la plastilina.

2. **Mide** Utiliza el marcador para trazar la recta a lo largo de la sombra que forma el lápiz. Encima de la recta escribe la hora. Haz lo mismo a las 12 p.m. y a las 3 p.m. Escribe la fecha en el papel.

3. **Repite** Una vez al mes, mide la sombra del lápiz tres veces al día. Anota en cada papel la fecha de tus mediciones.

McGraw-Hill • Ciencias UNIDAD: EL SOL Y SU FAMILIA

Nombre _____ **HAZ LA PRUEBA 1**
Reloj de sol, página 2

Concluye y aplica

1. **Compara** ¿Cómo cambia la posición de la sombra del lápiz a lo largo de un día? Cuando la sombra es más larga, ¿el Sol está alto o bajo en el cielo?

   _____
   _____
   _____

2. **Infiere** ¿En qué mes es más alta la trayectoria del Sol? ¿Y más baja? ¿Cómo lo sabes?

   _____
   _____
   _____

Un paso más Las sombras son más cortas y más largas a diferentes horas del día. ¿A qué hora del día tu sombra será más larga y a qué hora será más corta? Escribe y conduce un experimento.

Mi hipótesis es:
_____
_____

Mi experimento es:
_____
_____

Mis resultados son:
_____
_____

McGraw-Hill • Ciencias UNIDAD: EL SOL Y SU FAMILIA

Nombre _____ ACTIVIDAD DE EXPLORACIÓN 2

página 1

Investiga cómo la Luna cambia de figura

Hipótesis Sabes que la Luna no tiene siempre el mismo aspecto. ¿Cómo puede una esfera cambiar de figura sin realmente cambiar de figura?

Escribe una **hipótesis:**

_____

_____

Usa un modelo para investigar cómo cambia la figura de una esfera.

Materiales

- lámpara
- pelota blanca de voleibol

Instrucciones

1. **Observa** Mira atentamente la pelota desde tu asiento y dibújala.

2. Apaga las luces del salón de clases. Enciende la lámpara, alumbra un lado de la pelota y dibuja la parte iluminada.

3. **Comunica** Muestra el dibujo a tus compañeros.

4. **Infiere** Compara los dibujos. ¿Por qué la pelota cambió de figura?

_____

_____

Concluye y aplica

1. **Compara** ¿Cómo era la pelota cuando la viste por primera vez? ¿Y con el cuarto a oscuras?

_____

_____

_____

McGraw-Hill • Ciencias UNIDAD: EL SOL Y SU FAMILIA

Nombre _____ ACTIVIDAD DE EXPLORACIÓN 2
Investiga cómo la Luna cambia de figura, página 2

2. Compara ¿Se parece tu dibujo a los de tus compañeros?
_____
_____
_____
_____

Un paso más: Aplica

3. Saca conclusiones ¿Por qué la pelota cambia de figura sin cambiar de forma?
_____
_____
_____

Pregunta

Piensa en tus propias preguntas y cómo puedes comprobarlas usando la lámpara y la pelota de voleibol. ¿Qué pasaría si cambias la posición de la lámpara o de la pelota?

Mi pregunta es:
_____
_____

Cómo puedo comprobarlo:
_____
_____

Mis resultados son:
_____
_____

Nombre _____ DESTREZAS EN ACCIÓN 2

página 1

Predecir

Usar patrones

En el transcurso de un mes Raquel observó la Luna durante varios días y dibujó sus observaciones en este calendario. Hubo días en los que no lo hizo. ¿Puedes predecir qué aspecto tenía la Luna los días en que Raquel no la observó?

Septiembre						
Domingo	Lunes	Martes	Miércoles	Jueves	Viernes	Sábado
		1 ☾	2 ☾	3	4	5
6	7 ☾	8 ☾	9	10	11 ☽	12 ◯
13 ◯	14 ◯	15	16	17 ◯	18 ◯	19 ◯
20 ◯	21 ◯	22	23 ☽	24 ☽	25	26 ☾
27 ☾	28 ☾	29				

Materiales

• marcadores

Instrucciones

1. **Observa** Estudia los dibujos que Raquel hizo de sus observaciones de la Luna.

2. Forma parejas de figuras y patrones de la Luna que sean iguales.

Concluye y aplica

1. **Predice** ¿Qué aspecto crees que tenía la Luna el miércoles 9 de septiembre? Compárala con las figuras de los días 8 y 11. Dibuja tu predicción en el calendario de arriba.

_____

_____

McGraw-Hill • Ciencias UNIDAD: EL SOL Y SU FAMILIA

Nombre _____ **DESTREZAS EN ACCIÓN 2**
Predecir, página 2

2. Compara ¿Qué aspecto tenía la Luna el viernes 25 de septiembre? Compara esa figura con las de los días 24 y 26. Dibuja la figura de la Luna del día 25 en el calendario.

_____
_____
_____
_____

3. Predice Dibuja la figura de la Luna que esperarías ver el día 29. ¿Qué te ayudó a escoger esa figura?

_____
_____
_____
_____

4. Comunica ¿Qué te ayuda a predecir la figura de la Luna? ¿Qué necesitas saber para predecir la figura que la Luna tendrá mañana?

_____
_____
_____
_____
_____

Nombre _____ ACTIVIDAD DE EXPLORACIÓN 3

Investiga de qué tamaño son el Sol y la Luna

Hipótesis El Sol y la Luna parecen tener el mismo tamaño en el cielo, pero uno de los dos es mucho más grande. ¿Por qué parecen del mismo tamaño?

Escribe una **hipótesis:**

_____

_____

Usa un modelo para investigar por qué el Sol y la Luna parecen del mismo tamaño en el cielo.

Materiales

- tarjeta agujereada
- cinta métrica o regla
- pelotas de estireno de 1, 2 y 3 pulgadas

Instrucciones

1. **Mide** Coloca las pelotas de 1 y 3 pulgadas alineadas sobre una mesa, a 10 cm del borde. Agáchate de forma que tus ojos queden a la altura del borde de la mesa y mira las pelotas por el agujero de la tarjeta. ¿Qué diferencia de tamaño observas? Anota tus observaciones.

_____

_____

2. **Experimenta** Coloca la pelota de 1 pulgada junto al borde de la mesa y aleja la de 3 pulgadas hasta que ambas parezcan del mismo tamaño.

3. **Predice** ¿Dónde deberías colocar la pelota de 2 pulgadas para que parezca del mismo tamaño que las otras? Comprueba tu predicción.

_____

_____

McGraw-Hill • Ciencias UNIDAD: EL SOL Y SU FAMILIA

Nombre _____ HAZ LA PRUEBA 3
página 1

Más lejos de lo que imaginas

Hipótesis ¿Cómo puedes representar la distancia que hay entre la Tierra y el Sol?

Escribe una **hipótesis**:

_____

_____

_____

Materiales

- cartulina de $4\frac{1}{2}$" x 6"
- cinta métrica
- marcadores

Instrucciones

1. Haz tres rótulos de cartulina. Escribe "Tierra" en uno, "Luna" en otro y "Sol" en el tercero.

2. **Mide** Pide a un compañero o compañera que sostenga el rótulo que dice "Tierra". Pide a otro que sostenga a 75 cm de distancia el que dice "Sol", mientras un tercero sostiene el que dice "Luna" a 19 cm del rótulo "Tierra".

3. **Observa** Observa las distancias que hay entre el Sol, la Tierra y la Luna. Intercambia luego los papeles para que todos puedan examinar el modelo.

McGraw-Hill • Ciencias UNIDAD: EL SOL Y SU FAMILIA

Nombre _____ **HAZ LA PRUEBA 3**
Más lejos de lo que te imaginas, página 2

Concluye y aplica

Compara ¿Qué diferencia hay entre las distancias que separan el Sol y la Luna de la Tierra?
_____

Un paso más El Sol y la Luna están a diferentes distancias de la Tierra, pero se ven del mismo tamaño. ¿Uno es más grande que el otro? Escribe y conduce el experimento.

Mi hipótesis es:
_____

Mi experimento es:
_____
_____

Mis resultados son:
_____
_____

Nombre _____ ACTIVIDAD DE EXPLORACIÓN 4

página 1

Investiga cómo la energía del Sol afecta a la Tierra

Hipótesis La Tierra recibe diariamente luz y calor del Sol. ¿Cómo afecta esto a la temperatura de la Tierra?

Escribe una **hipótesis:**

_____

_____

Usa un modelo para investigar cómo la energía del Sol afecta a la temperatura de la Tierra.

Materiales

- lámpara con bombilla de 60W
- regla
- papel negro
- termómetro
- lata de aluminio
- cinta adhesiva

Instrucciones

1. **Haz un modelo** Cubre la lata con papel negro. La lata representa a la Tierra. Pon el termómetro en la lata y colócala en una mesa a unos 20 cm de la lámpara que representa al Sol.

2. **Recopila datos** Mide la temperatura de la lata antes de encender la lámpara y anota la medición.

3. **Recopila datos** Enciende la lámpara y registra la temperatura de la lata cada 2 minutos durante 10 minutos.

Concluye y aplica

1. **Identifica** ¿Cuál era la temperatura cuando la mediste por primera vez? ¿Y después de 10 minutos?

_____

_____

McGraw-Hill • Ciencias UNIDAD: EL SOL Y SU FAMILIA

Nombre _____

ACTIVIDAD DE EXPLORACIÓN 4
Investiga cómo la energía del Sol afecta a la Tierra, página 2

2. **Explica** ¿Siguió aumentando la temperatura después de 10 minutos? ¿Cómo lo sabes?

   _____

3. **Infiere** ¿Por qué dejó de aumentar la temperatura? ¿Adónde crees que va la energía de la lámpara?

   _____
   _____

Un paso más: Resolución de problemas

4. **Experimenta** Imagina que hay el doble de distancia entre la lata y la lámpara. ¿Cuánto aumentaría la temperatura en 10 minutos? Anota y comprueba tu predicción.

   _____

❓ Pregunta

Piensa en tus propias preguntas y cómo puedes comprobarlas usando la lámpara, la lata y el termómetro. Si el Sol estuviera más cerca de la Tierra, ¿cómo cambiaría su temperatura?

Mi pregunta es:

_____
_____

Cómo puedo comprobarlo:

_____
_____

Mis resultados son:

_____
_____

Nombre _____ HAZ LA PRUEBA 4

página 1

Compara el Sol y la Luna

Hipótesis ¿En que se parecen el Sol y la Luna? ¿En qué se diferencian?

Escribe una **hipótesis**:

_____

_____

_____

Instrucciones

1. Haz con un compañero o compañera en una hoja de papel aparte, una lista de todos los datos que puedan reunir sobre el Sol y la Luna.

2. **Identifica** Separa lo que tienen en común el Sol y la Luna de lo que los diferencia.

Concluye y aplica

Comunica Haz con tus datos una gráfica para comparar el Sol y la Luna. Haz tu gráfica en el espacio de abajo e ilústrala.

McGraw-Hill • Ciencias UNIDAD: EL SOL Y SU FAMILIA

Nombre _____ **HAZ LA PRUEBA 4**
Compara el Sol y la Luna, página 2

Un paso más Si pudieras escoger entre explorar el Sol o la Luna, ¿cuál escogerías? ¿Por qué? Escribe y conduce el experimento.

Mi hipótesis es:
_____

Mi experimento es:
_____
_____

Mis resultados son:
_____
_____

Nombre _____ ACTIVIDAD DE EXPLORACIÓN 5

Investiga cómo se mueven los planetas

Hipótesis Sabes que la Luna cambia de aspecto al girar alrededor de la Tierra. También puedes observar otros cambios en el cielo nocturno, como la posición de los planetas. ¿Por qué los planetas no están cada noche en el mismo lugar?

Escribe una **hipótesis:**

_____

_____

Usa un modelo para investigar el movimiento de los planetas.

Materiales

- rótulo para cada planeta
- 2 rótulos para el Sol

Instrucciones

1. **Haz un modelo** Dividan la clase en dos grupos. El primero representa el movimiento de los planetas alrededor del Sol, el segundo, observa. Luego intercambien los papeles.

2. **Observa** El niño o la niña que representa a la Tierra explicará lo que se ve desde la Tierra en el cielo nocturno. Anota tus observaciones.

Concluye y aplica

1. **Compara** ¿Qué planetas se veían desde la Tierra la primera vez que se representó el modelo? ¿Y la segunda vez?

_____

_____

Nombre _____ ACTIVIDAD DE EXPLORACIÓN 5
Investiga cómo se mueven los planetas, página 2

2. **Explica** ¿Cómo el movimiento de la Tierra determina qué planetas pueden verse desde ella? ¿Y el movimiento de los otros planetas?

_____
_____
_____

3. **Saca conclusiones** ¿Por qué cambia la posición de los planetas en el cielo nocturno?

_____

Un paso más: Aplica

4. **Predice** ¿Qué sucedería si te movieras más rápida o más lentamente alrededor del Sol?

_____
_____

Pregunta

Piensa en tus propias preguntas y cómo puedes comprobarlas rotulando los planetas y el Sol. Si vivieras en otro planeta, ¿qué planetas verías desde tu casa en el cielo nocturno?

Mi pregunta es:

_____
_____

Cómo puedo comprobarlo:

_____
_____

Mis resultados son:

_____

McGraw-Hill • Ciencias UNIDAD: EL SOL Y SU FAMILIA

Nombre _____ HAZ LA PRUEBA 5
página 1

Aumenta una letra

Hipótesis ¿Cómo cambia la forma de las lentes el aspecto de los objetos que miras?

Escribe una **hipótesis**:

_____

Materiales

- gotero
- periódico
- agua
- cinta adhesiva opaca
- vaso de papel
- papel encerado

Instrucciones

1. Extiende el periódico en el suelo y cúbrelo con papel encerado. Pega el papel encerado sobre el periódico con cinta adhesiva.

2. **Observa** Pon una gota de agua sobre una letra del periódico. ¿Cómo se ve la impresión?

_____

3. **Experimenta** Pon varias gotas de agua de diferentes tamaños sobre otras letras y observa la figura de cada letra.

Concluye y aplica

1. **Compara** ¿Tienen la misma forma las gotas de agua grandes y las pequeñas? ¿Cómo afecta el tamaño de la gota al aspecto de las letras?

_____

_____

_____

McGraw-Hill • Ciencias UNIDAD: EL SOL Y SU FAMILIA

Nombre _____ **HAZ LA PRUEBA 5**
Aumenta una letra, página 2

2. Infiere ¿En qué se parece la lente curva de un telescopio a la gota de agua sobre el papel encerado?

_____

_____

Un paso más Imagina que puedes agrandar algo muy pequeñito por un día, ¿qué escogerías? Escribe y conduce el experimento.

Mi hipótesis es:

_____

Mi experimento es:

_____

_____

Mis resultados son:

_____

_____

Nombre _____ ACTIVIDAD DE EXPLORACIÓN 6

Crea tu experimento

¿Cuál es el volumen de Júpiter?

Hipótesis ¿Cómo usarías un modelo para comparar los volúmenes de Júpiter y la Tierra?

Escribe una **hipótesis:**

_____
_____
_____

Materiales

- bolsa de frijoles de 2 lb.
- tazón de plástico
- vaso pequeño

Instrucciones

1. Si la Tierra fuera del tamaño de un frijol, Júpiter sería como un tazón.

2. **Haz un modelo** ¿Cómo puedes estimar cuánto más grande es el volumen de un tazón que el de un frijol?

3. **Comunica** Escribe tu plan y explícalo a tu maestro o maestra.

_____
_____
_____
_____
_____

4. **Experimenta** Pon a prueba tu plan.

McGraw-Hill • Ciencias UNIDAD: EL SOL Y SU FAMILIA

Nombre _____   ACTIVIDAD DE EXPLORACIÓN 6
Crea tu experimento, página 2

Concluye y aplica

1. **Usa los números** ¿Cuánto más grande es el volumen del tazón que el del frijol? _____
   _____

2. **Saca conclusiones** ¿Cuántas veces más grande es el volumen de Júpiter que el de la Tierra? _____
   _____

Un paso más: Aplica

3. **Infiere** ¿Cómo afectan a tu estimación los espacios que quedan entre los frijoles del tazón? _____
   _____
   _____

❓ Pregunta

Piensa en tus propias preguntas y cómo puedes comprobarlas usando los frijoles, el vaso y el tazón. ¿Cómo harías una estimación más aproximada?

Mi pregunta es:
_____
_____

Cómo puedo comprobarlo:
_____
_____

Mis resultados son:
_____
_____

98   McGraw-Hill • Ciencias UNIDAD: EL SOL Y SU FAMILIA

Nombre _____ DESTREZAS EN ACCIÓN 6

página 1

Inferir

Observar para comprender un suceso

¿Por qué brillan los anillos de Júpiter? En esta actividad harás un modelo para mostrar qué sucede cuando la luz ilumina las partículas de polvo. Usa tus observaciones para sugerir una explicación de por qué brillan los anillos de Júpiter. Cuando sugieres una explicación para un suceso basándote en las observaciones que has hecho, estás infiriendo. Inferir significa formarse una idea a partir de hechos u observaciones.

Materiales

- linterna
- periódico
- botella plástica de almidón de maíz
- gafas protectoras

Instrucciones

 ¡ATENCIÓN! Usa gafas protectoras.

1. Coloca la linterna en el borde de una mesa. Cubre el piso alrededor de la mesa con hojas de periódico y apaga la luz del cuarto.

2. **Observa** ¿Qué ves al encender la linterna?

_____

3. **Observa** Sujeta la botella abierta de almidón de maíz por debajo de la luz y apriétala rápidamente. ¿Qué ves?

_____

_____

McGraw-Hill • Ciencias UNIDAD: EL SOL Y SU FAMILIA

Nombre _____ DESTREZAS EN ACCIÓN 6
Inferir, página 2

Concluye y aplica

1. **Compara** ¿Cómo era el haz de luz la primera vez que lo observaste? ¿Y después de apretar la botella de almidón?

   _____
   _____
   _____

2. **Infiere** Los anillos de Júpiter están formados por partículas de polvo. ¿Por qué brillan?

   _____
   _____
   _____

McGraw-Hill • Ciencias UNIDAD: EL SOL Y SU FAMILIA

Nombre _____ ACTIVIDAD DE EXPLORACIÓN 1

página 1

Investiga en qué se parecen y diferencian las rocas

Hipótesis ¿De qué están hechas las rocas? ¿Son iguales todas las rocas? ¿Cómo puedes comprobar tus ideas?

Escribe una **hipótesis:**

_____

_____

Examina diferentes rocas para determinar en qué se parecen y diferencian.

Materiales

- rocas de diferentes tipos
- lupa

Instrucciones

1. **Observa** Toca cada roca. ¿Qué sientes? Anota tus observaciones.

   _____

   _____

2. **Observa** Examina cada roca. Escribe o dibuja lo que ves. Describe las líneas o patrones que observes.

   _____

3. **Compara** Examina otra vez cada roca con la lupa. Escribe sobre lo que ves ahora y antes no veías.

   _____

Concluye y aplica

1. **Compara** ¿Eran parecidas las superficies de las rocas? ¿Observaste líneas o patrones similares?

   _____

   _____

McGraw-Hill • Ciencias UNIDAD: ROCAS Y RECURSOS

Nombre _____   ACTIVIDAD DE EXPLORACIÓN 1
Investiga en qué se parecen y diferencian las rocas, página 2

2. Identifica ¿Observaste con la lupa alguna cualidad común a todas las rocas?

_____

3. Infiere ¿Están compuestas las rocas por una sola sustancia o por varias? ¿Cómo lo sabes?

_____

_____

Un paso más: Aplica

4. Clasifica Basándote en tus observaciones, ¿cómo agruparías las rocas para mostrar en qué se parecen y diferencian?

_____

_____

_____

Pregunta

Piensa en tus propias preguntas y cómo puedes comprobarlas. ¿En qué más se parecen y diferencian las rocas?

Mi pregunta es:

_____

Cómo puedo comprobarlo:

_____

_____

Mis resultados son:

_____

_____

Nombre _____ HAZ LA PRUEBA 1

página 1

¿Qué mineral es más duro?

Hipótesis ¿Cuál de estos minerales te parece más duro, el cuarzo, la calcita o la mica?

Escribe una **hipótesis:**

_____

Materiales

- trozos grandes de cuarzo, calcita y mica
- un centavo
- clavo de hierro

Instrucciones

1. **Predice** ¿Qué sucederá si raspas cada mineral con las uñas? ¿Y si lo haces con el centavo? ¿Y con el clavo? Escribe tus predicciones.

   _____

   _____

   _____

2. **Observa** Comprueba tus predicciones. Raspa cada mineral con las uñas, el centavo y el clavo. Anota tus observaciones.

   _____

   _____

   _____

Nombre _____ HAZ LA PRUEBA 1
¿Qué mineral es más duro?, página 2

Concluye y aplica

1. **Interpreta datos** Ordena los minerales según su dureza, del más blando al más duro. ¿Cómo determinaste el orden de la lista?

   _____
   _____
   _____

2. **Comunica** Anota tus observaciones en una tabla que describa los tres minerales. Incluye dibujos de los minerales.

Un paso más Piensa en tus propias preguntas y cómo puedes comprobarlas.

Mi pregunta es:
_____

Cómo puedo comprobarlo:
_____

Mis resultados son:
_____
_____

Nombre _____   ACTIVIDAD DE EXPLORACIÓN 2

Investiga cómo cambian las rocas

Hipótesis La tiza es un tipo de roca compuesta de un material llamado calcita. ¿Cómo adquiere su forma la tiza? ¿De que manera puedes cambiarla? ¿Cómo puedes comprobar tus ideas?

Escribe una **hipótesis:**

_____

Investiga cómo cambian las rocas. Comprueba qué le ocurre a una tiza cuando escribes con ella sobre un papel de lija.

Materiales

- 3 tizas de diferentes colores
- papel de lija

Instrucciones

1. **Observa** Examina la tiza y el papel de lija. Explica qué aspecto tienen y cómo son sus superficies. En otra hoja de papel enumera todas las propiedades que observes.

   _____

   _____

2. **Predice** ¿Qué sucederá cuando dibujes con la tiza sobre el papel de lija? Escribe tu predicción.

   _____

3. Dibuja o escribe con la tiza sobre el papel de lija.

4. **Compara** Examina la tiza. ¿Cómo son ahora su aspecto y su tacto? Examina la lija. ¿Cómo son ahora su aspecto y su tacto? Anota tus observaciones.

   _____

   _____

   _____

McGraw-Hill • Ciencias UNIDAD: ROCAS Y RECURSOS

Nombre _____

ACTIVIDAD DE EXPLORACIÓN 2
Investiga cómo cambian las rocas, página 2

Concluye y aplica

1. **Describe** ¿Qué le ocurrió a la tiza? ¿Y al papel de lija?

   _____
   _____

2. **Explica** ¿Qué material cambió más? ¿Por qué sucedió esto?

   _____
   _____

Un paso más: Aplica

3. **Infiere** El viento que sopla contra las rocas puede arrastrar granos de arena. ¿Cómo pueden el viento y la arena cambiar las rocas con el tiempo?

   _____

Pregunta

Piensa en tus propias preguntas y cómo puedes comprobarlas. ¿De qué otras formas pueden desgastarse las rocas?

Mi pregunta es:

_____
_____

Cómo puedo comprobarlo:

_____
_____

Mis resultados son:

_____
_____

Nombre _____ HAZ LA PRUEBA 2

página 1

La tiza cambiante

Hipótesis El vinagre es una sustancia química. ¿Qué sucederá si se pone una tiza en vinagre?

Escribe una **hipótesis:**

_____

Materiales
- delantal
- gafas protectoras
- tiza
- frasco pequeño
- vinagre

Instrucciones

 ¡Atención!: Usa gafas protectoras.

1. Ponte el delantal y las gafas protectoras. Mete la tiza en el frasco y cubre la tiza con vinagre.

2. **Observa** Describe lo que veas a los pocos segundos. Anota tus observaciones.

_____

_____

McGraw-Hill • Ciencias UNIDAD: ROCAS Y RECURSOS

Nombre _____ HAZ LA PRUEBA 2
La tiza cambiante, página 2

Concluye y aplica

Explica ¿Por qué cambió la tiza? ¿Cómo lo sabes?
_____
_____

Un paso más Piensa en tus propias preguntas y cómo puedes comprobarlas. ¿Crees que añadir otros líquidos hubiera tenido el mismo efecto sobre la tiza que el vinagre? Realiza un experimento para comprobarlo.

Mi pregunta es:
_____
_____

Cómo puedo comprobarlo:
_____
_____

Mis resultados son:
_____
_____

Nombre _____ DESTREZAS EN ACCIÓN 2

Formular una hipótesis

¿Qué materiales se depositan primero?

¿Qué sucede con los materiales arrastrados por la erosión? Echa guijarros, arena, tierra y agua en un frasco. Luego agita el frasco y deja que la mezcla repose varias horas. ¿Cómo lucirán los materiales después de ese tiempo? Anota el posible resultado del experimento. Ésa es tu hipótesis. Llamamos hipótesis a una respuesta o explicación que se puede comprobar.

Mi **hipótesis es:**

_____

_____

Materiales

- frasco de plástico grande y con tapa
- taza graduada
- guijarros
- arena
- tierra
- agua

Instrucciones

1. Echa en el frasco una taza de cada material (guijarros, arena y tierra). Llena el frasco de agua, ciérralo y agítalo.
2. **Observa** Describe lo que ves. Dibuja el frasco y la mezcla.

_____

_____

McGraw-Hill • Ciencias UNIDAD: ROCAS Y RECURSOS

Nombre _____ DESTREZAS EN ACCIÓN 2
Formular una hipótesis, página 2

3. Observa Deja reposar la mezcla varias horas y examina luego el frasco. ¿Qué ves ahora?

_____
_____
_____
_____

Concluye y aplica

1. Compara ¿Cómo estaba la mezcla la primera vez que la examinaste? ¿Y varias horas después? ¿Era correcta tu hipótesis?

_____
_____
_____
_____

2. Describe ¿Qué material fue el primero en asentarse? ¿Y el último? ¿Cómo lo sabes?

_____
_____
_____

3. Infiere Una corriente de agua puede arrastrar guijarros, arena y tierra. ¿Qué material se depositará primero cuando el agua se asiente? ¿Cuál será arrastrado más lejos?

_____
_____
_____

Nombre _____ ACTIVIDAD DE EXPLORACIÓN 3

página 1

Crea tu experimento

¿Cómo puede la Tierra cambiar repentinamente?

Hipótesis Si el huracán es una tormenta muy poderosa, una llovizna no es ni siquiera una tormenta. Pero en ambos casos cae agua sobre la tierra. ¿Qué tipo de lluvia produce más erosión? ¿Cómo puedes comprobar tus ideas?

Escribe una **hipótesis:**

_____

Materiales

- 2 vasos de papel rotulados A y B
- 2 lápices de diferentes tamaños
- tierra y piedras
- 2 bandejas rotuladas A y B
- taza graduada
- agua

Instrucciones

1. Mezcla tierra con algunas piedras. Aplana la mezcla o forma con ella un pequeño montículo, pero no la aplastes. Dibuja tu "terreno".
   _____

2. **Haz un modelo** ¿Cómo puedes usar los vasos A y B para simular dos lluvias, una ligera y otra fuerte? ¿Cómo puedes usar los lápices?
   _____
   _____
   _____
   _____

3. **Experimenta** ¿Cómo afecta a tu terreno una lluvia ligera? ¿Y una fuerte?
   _____
   _____

4. **Recopila datos** Anota en una tabla tus resultados. Usa tus datos para responder las preguntas de la siguiente página.

Nombre _____ ACTIVIDAD DE EXPLORACIÓN 3
Crea tu experimento, página 2

Concluye y aplica

1. **Compara** ¿Qué ocurrió en las bandejas? ¿Cuál cambió más?
   _____
   _____

2. **Saca conclusiones** ¿Qué tipo de lluvia causa más erosión? ¿Cómo lo sabes? _____
   _____
   _____
   _____

Un paso más: Resolución de problemas

3. **Experimenta** ¿Cómo puedes comprobar los efectos del viento sobre la tierra?
   _____
   _____

🔍 Pregunta

Piensa en tus propias preguntas y cómo puedes comprobarlas. ¿De qué otra forma puedes comprobar los efectos de los fenómenos naturales en la tierra?

Mi pregunta es:
_____

Cómo puedo comprobarlo:
_____
_____

Mis resultados son: _____
_____

Nombre _____ HAZ LA PRUEBA 3

página 1

El clima influye

Hipótesis En algunas ciudades llueve mucho cada año, en otras llueve muy poco. ¿En qué tipo de ciudad cambiará antes un monumento de piedra?

_____

_____

EL CLIMA EN NUEVA YORK Y EN EL CAIRO		
	Nueva York, EEUU	**El Cairo, Egipto**
Temperatura media en invierno	32°F	56°F
Precipitación media anual	107 cm	de 0 a 10 cm

Instrucciones

1. **Interpreta datos** Examina la tabla. ¿Qué diferencia hay en invierno entre las temperaturas de las dos ciudades? Escribe ese número.

   _____

2. **Interpreta datos** ¿En qué ciudad llueve más?

   _____

Nombre _____

HAZ LA PRUEBA 3
El clima influye, página 2

Concluye y aplica

Saca conclusiones Un monumento de piedra fue llevado de Egipto a Nueva York, ciudad donde ha cambiado con mucha rapidez. ¿Por qué ocurrió esto?

_____

_____

_____

Un paso más Piensa en tus propias preguntas y cómo puedes comprobarlas. ¿Crees que el material del que está hecho el monumento influye en los cambios que ha experimentado?

Mi pregunta es:

_____

_____

Cómo puedo comprobarlo:

_____

_____

Mis resultados son:

_____

_____

Nombre _____ ACTIVIDAD DE EXPLORACIÓN 4

Investiga qué hay en el suelo

Hipótesis Sabes que el suelo es importante para que crezcan las plantas. ¿Qué hay en el suelo? ¿Cómo puedes comprobar tus ideas?

Escribe una **hipótesis:**

_____

_____

Examina una muestra de suelo para descubrir lo que contiene.

Materiales

- pequeña muestra de suelo
- hoja de papel blanco
- lupa

Instrucciones

1. Esparce la muestra de suelo sobre la hoja de papel.

2. **Observa** Observa atentamente la muestra. ¿Qué ves? ¿Diferentes colores? ¿Partículas de diferentes tamaños? Anota tus observaciones.

   _____

   _____

3. **Observa** Huele la muestra. ¿A qué huele? Tócala. ¿Qué notas? ¿Diferentes texturas? Describe el aspecto, la textura y el olor. No olvides lavarte las manos después.

   _____

   _____

4. **Compara** Examina la muestra con la lupa. ¿Qué cosas nuevas ves ahora? Anota tus nuevas observaciones.

   _____

   _____

McGraw-Hill • Ciencias UNIDAD: ROCAS Y RECURSOS

Nombre _____ **ACTIVIDAD DE EXPLORACIÓN 4**
Investiga qué hay en el suelo, página 2

Concluye y aplica

1. Comunica ¿Qué viste en la muestra?

_____
_____

2. Identifica ¿Había en la tierra algo sorprendente? ¿Qué había?

_____
_____

Un paso más: Aplica

3. Hipótesis Piensa en las cosas que viste en la muestra. ¿Cómo crees que llegaron a estar ahí?

_____
_____

❓ Pregunta

Piensa en tus propias preguntas y cómo puedes comprobarlas.
¿En qué se diferencia la tierra en lugares diferentes?

Mi pregunta es:
_____
_____

Cómo puedo comprobarlo:
_____
_____

Mis resultados son:
_____
_____

Nombre _____ DESTREZAS EN ACCIÓN 4

Medir

Mide el volumen de una muestra de agua

La capacidad para retener agua es una importante propiedad de algunos suelos. En esta actividad medirás la cantidad de agua que retienen dos tipos de suelo. A veces mides el tamaño, el peso o la temperatura de algo. Ahora vas a medir el volumen de una muestra de agua. Usa una calculadora.

Materiales

- 4 vasos de papel
- agua
- tierra para macetas
- reloj o despertador
- taza graduada
- muestra de suelo arenoso
- probeta graduada
- calculadora (opcional)

Instrucciones

1. **Mide** Echa 1 taza de tierra para macetas en un vaso de papel agujereado. Compacta la tierra y rotula el vaso. Vierte 100 ml de agua en la probeta.

2. **Experimenta** Sostén el vaso con tierra para macetas sobre un vaso sin agujeros. Pide a un compañero o compañera que vierta poco a poco el agua en el vaso con tierra. Deja que el agua se filtre durante dos minutos. Si aún gotea, coloca el vaso con tierra dentro de otro vacío.

3. **Mide** Vierte en la probeta el agua que haya salido del vaso. Lee y anota el volumen de agua que haya en la probeta.

   _____
   _____

4. **Experimenta** Repite los pasos 1–3 con la muestra de suelo arenoso.

   _____
   _____

McGraw-Hill • Ciencias UNIDAD: ROCAS Y RECURSOS

Nombre _____ **DESTREZAS EN ACCIÓN 4**
Medir, página 2

Concluye y aplica

1. **Interpreta** ¿Qué tierra retuvo más agua? ¿Cómo lo sabes?

   _____

   _____

   _____

2. **Aplica** ¿Qué tierra es mejor para un jardín? ¿Y para un campo de fútbol?

   _____

   _____

   _____

Nombre _____ ACTIVIDAD DE EXPLORACIÓN 5

página 1

Investiga cómo la minería afecta a la tierra

Hipótesis Algunos recursos naturales, como los diamantes o los metales, son difíciles de encontrar. ¿Qué efectos puede tener la extracción de esos recursos sobre el suelo? ¿Cómo puedes usar un modelo para comprobar tus ideas?

Escribe una **hipótesis**:

_____

La galleta de esta actividad representa un pedazo de tierra. Los trocitos de chocolate son un recurso natural. Haz un experimento para investigar cómo obtener ese recurso.

Materiales

- galleta con trocitos de chocolate
- 4 palillos de dientes
- toalla de papel

Instrucciones

1. **Observa** Coloca la galleta en la toalla de papel y dibújala. Rotula tu dibujo.

2. **Haz un modelo** Utiliza los palillos para extraer el recurso natural (los trocitos de chocolate) de la tierra (la galleta) sin dañarla. Antes de comenzar, decide con un compañero o compañera cómo extraer el recurso.

3. **Experimenta** Extrae todo el recurso natural. En una hoja de papel separada, dibuja el aspecto que tiene ahora la galleta.

_____

Concluye y aplica

1. **Compara** ¿Qué aspecto tiene la galleta después que sacaste los trocitos de chocolate?

_____

_____

McGraw-Hill • Ciencias UNIDAD: ROCAS Y RECURSOS

Nombre _____ **ACTIVIDAD DE EXPLORACIÓN 5**
Investiga cómo la minería afecta a la tierra, página 2

2. Saca conclusiones ¿Qué sucede cuando no quedan trocitos? ¿Cómo podrías obtener más?

_____
_____

3. Infiere ¿Qué problemas deben resolverse cuando se extraen recursos naturales de la tierra?

_____
_____

Un paso más: Resolución de problemas

4. ¿Cómo pueden repararse los daños en las zonas mineras?

_____
_____
_____

Pregunta

Piensa en tus propias preguntas y cómo puedes comprobarlas. ¿Qué es más difícil, excavar bajo la superficie terrestre o sobre ella?

Mi pregunta es:

_____
_____

Cómo puedo comprobarlo:

_____

Mis resultados son:

_____
_____

Nombre _____ HAZ LA PRUEBA 5
página 1

Encuesta energética

Hipótesis ¿Qué usan más estudiantes de tu clase, estufa a gas o estufa eléctrica?

Escribe una **hipótesis:**

_____

_____

Instrucciones

Recopila datos Encuesta a tus compañeros. ¿Quién tiene estufa eléctrica? ¿Y estufa a gas? Anota la información en la siguiente tabla.

Estudiantes con estufa eléctrica	Estudiantes con estufa a gas

McGraw-Hill • Ciencias UNIDAD: ROCAS Y RECURSOS

Nombre _____

HAZ LA PRUEBA 5
Encuesta energética, página 2

Concluye y aplica

1. Identifica ¿Cuántos estudiantes tienen estufa eléctrica? ¿Y estufa a gas?

_____

_____

2. Comunica Haz una gráfica de barras para mostrar los resultados de tu encuesta.

Un paso más Piensa en tus propias preguntas y cómo puedes comprobarlas. ¿Qué otros aparatos pueden funcionar con gas o con electricidad? Haz una encuesta para conocer uno de esos aparatos.

Mi pregunta es:

_____

_____

Cómo puedo comprobarlo:

_____

_____

Mis resultados son:

_____

McGraw-Hill • Ciencias UNIDAD: ROCAS Y RECURSOS

Nombre _____   ACTIVIDAD DE EXPLORACIÓN 6

Investiga qué les sucede a las sustancias en el agua

Hipótesis Usamos el agua para mantenernos limpios. ¿Adónde va la suciedad cuando te lavas las manos? ¿Se queda en el agua? ¿Cómo puedes comprobar tus ideas?

Escribe una **hipótesis**

_____

_____

Investiga qué sucede a las sustancias en el agua.

Materiales

- frasco pequeño con tapa
- cuchara de plástico
- agua
- aceite
- jabón líquido
- gafas protectoras

Instrucciones

🥽 **¡ATENCIÓN!** Usa gafas protectoras.

1. **Observa** Echa un poco de agua en el frasco y añade una cucharada de aceite. ¿Qué aspecto tiene ahora el agua? ¿Dónde está el aceite? Anota tus observaciones.

_____

2. **Observa** Agita el frasco, ponlo sobre la mesa y obsérvalo durante unos minutos. ¿Qué sucede? ¿Puedes sacar el aceite con la cuchara?

_____

_____

3. **Experimenta** Añade unas gotas de jabón líquido y agita el frasco de nuevo. ¿Qué le sucede al aceite? ¿Puedes sacarlo ahora?

_____

McGraw-Hill • Ciencias UNIDAD: ROCAS Y RECURSOS

Nombre _____   **ACTIVIDAD DE EXPLORACIÓN 6**
Investiga qué les sucede a las sustancias en el agua, página 2

Concluye y aplica

1. Describe ¿Qué sucedió cuando agitaste el frasco con agua y aceite?

_____

_____

2. Identifica ¿Dónde quedaron el aceite y el jabón cuando agitaste el frasco por segunda vez?

_____

_____

Un paso más: Aplica

3. Infiere ¿Adónde crees que va la suciedad cuando lavas un auto o unos platos?

_____

_____

❓ Pregunta

Piensa en tus propias preguntas y cómo puedes comprobarlas.
¿Cuánto jabón necesitas para limpiar el aceite?

Mi pregunta es:

_____

_____

Cómo puedo comprobarlo:

_____

_____

Mis resultados son:

_____

Nombre _____ HAZ LA PRUEBA 6

página 1

Purificación de las aguas

Hipótesis ¿Puedes purificar el agua haciendo que pase a través de las rocas?

Escribe una **hipótesis:**

_____

_____

Materiales

- embudo de plástico
- grava
- taza graduada
- cucharada de tierra
- vaso
- mitad inferior de una botella de plástico
- arena
- agua
- hojas secas
- gafas protectoras

Instrucciones

 ¡ATENCION! Usa gafas protectoras.

1. **Haz un modelo** Coloca el embudo dentro de la botella, echa una capa de grava en el embudo y cúbrela con una capa de arena.

2. **Haz un modelo** Mezcla una taza de agua con tierra y hojas secas trituradas. Haz un dibujo del agua en el espacio siguiente. Vierte lentamente la mezcla en el embudo.

McGraw-Hill • Ciencias UNIDAD: ROCAS Y RECURSOS

Nombre _____   HAZ LA PRUEBA 6
Purificación de las aguas, página 2

Concluye y aplica

1. Describe ¿Qué aspecto tiene el agua filtrada cuando llega al fondo de la botella?

_____

2. Infiere ¿Dónde está la tierra?

_____

Un paso más Piensa en tus propias preguntas y cómo puedes comprobarlas. ¿Crees que la cantidad de arena y de grava afecta lo que ocurre en el agua?

Mi pregunta es:

_____

_____

Cómo puedo comprobarlo:

_____

_____

Mis resultados son:

_____

Nombre _____ **ACTIVIDAD DE EXPLORACIÓN 1**

Investiga dónde viven las plantas y los animales

Hipótesis ¿Por qué los organismos viven en un lugar determinado?

Escribe una **hipótesis:**

_____

_____

Materiales

- revistas
- tijeras

Instrucciones

1. Busca en revistas fotografías de 4 medios ambiente diferentes y recórtalas. Coloca sobre una mesa fotografías de desiertos, bosques, estanques y praderas.

2. **Observa** Recorta 8 fotografías de diferentes plantas y animales e intercámbialas por las fotografías recortadas por otro grupo. Observa cuidadosamente las fotografías. ¿A qué medio ambiente crees que se adapta mejor cada animal o planta? Explica tus respuestas.

Planta o animal	Medio ambiente	Razones

McGraw-Hill • Ciencias UNIDAD: ¿DÓNDE VIVEN LOS SERES VIVOS?

Nombre _____ **ACTIVIDAD DE EXPLORACIÓN 1**

Investiga dónde viven las plantas y los animales, página 2

3. Toma decisiones Coloca las fotografías de plantas y animales en el medio ambiente que hayas elegido para cada uno de ellos.

Concluye y aplica

1. Identifica ¿Cuáles son las características de los organismos que viven en cada medio ambiente? Haz una lista.

_____
_____
_____

Un paso más: Aplica

2. Infiere ¿Qué determina en qué lugar vive cada planta y cada animal?

_____
_____

❓ Pregunta

Piensa en tus propias preguntas y cómo puedes comprobarlas. ¿Qué organismos viven en tu medio ambiente?

Mi pregunta es:

_____
_____

Cómo puedo comprobarlo:

_____
_____

Mis resultados son:

_____

Nombre _____ DESTREZAS EN ACCIÓN 1

página 1

Definir términos basándose en observaciones

Una comunidad forestal

Has aprendido que una comunidad está formada por todos los seres vivos de un ecosistema. En los distintos ecosistemas hay diferentes comunidades. Por ejemplo, en la communidad del estanque de las páginas 326 y 327 de tu libro de texto hay utricularias, ranas, algas y libélulas. ¿De qué está formada una comunidad forestal? Observa la ilustración de esta página. Usa tus observaciones para definir una comunidad forestal.

Instrucciones

1. **Observa** Mira el bosque de la ilustración. ¿Qué ves? Haz una lista.

_____
_____
_____
_____

Nombre _____

DESTREZAS EN ACCIÓN 1
Definir términos basándose en observaciones, página 2

2. Clasifica ¿Cuáles son los seres vivos de tu lista? ¿Cuáles son los inanimados?

Seres vivos	Seres inanimados

Concluye y aplica

Define Usa tu lista para definir una comunidad forestal.

_____
_____
_____
_____
_____
_____

Nombre _____ ACTIVIDAD DE EXPLORACIÓN 2

Investiga de dónde vienen los alimentos

Hipótesis La gente come muchas clases diferentes de alimentos. La mayor parte de los alimentos que comes, ¿son de origen vegetal o animal? ¿Cómo puedes comprobar tus ideas?

Escribe una **hipótesis:**

_____

_____

Examina una pizza para inferir de dónde vienen los alimentos.

Instrucciones

1. **Observa** Mira atentamente la pizza de la foto. ¿Qué tipos de alimentos ves? Haz una lista.

   _____

   _____

2. **Clasifica** Divide tu lista de alimentos en grupos. ¿Qué alimentos vienen de las plantas? ¿Cuáles vienen de los animales?

   _____

   _____

3. Las plantas pueden elaborar su propio alimento, los animales no. Observa en tu lista de alimentos los que vienen de los animales. ¿De qué animal viene cada uno de los alimentos? ¿Qué alimentos come cada animal?

   _____

   _____

Nombre _____ **ACTIVIDAD DE EXPLORACIÓN 2**
Investiga de dónde vienen los alimentos, página 2

Concluye y aplica

1. **Causa y efecto** Si no hubiera plantas, ¿qué alimentos quedarían para hacer pizza? (Pista: Piensa en lo que comen los animales para subsistir.)

   _____
   _____

2. **Infiere** ¿Proceden todos los alimentos de las plantas? Anota otro tipo de comida que te guste comer. Intenta seguir el rastro de los ingredientes hasta llegar a las plantas.

   _____
   _____
   _____
   _____

Un paso más: Aplica

3. **Comunica** Haz una tabla que muestre de dónde vienen los ingredientes de la pregunta 2.

❓ Pregunta

Piensa en tus propias preguntas y cómo puedes comprobarlas. ¿Podrías comer una dieta basada sólo en plantas?

Mi pregunta es:

_____

Cómo puedo comprobarlo:

_____
_____

Mis resultados son:

_____

Nombre _____ HAZ LA PRUEBA 2

Los descomponedores

Hipótesis ¿Qué les pasa al pan y a las manzanas si los dejas una semana en una bolsa fuera del refrigerador?

Escribe una **hipótesis**:

_____

_____

Materiales

- 2 bolsas de plástico con cierre
- trozos de manzana
- rebanada de pan

¡ATENCIÓN! No abras las bolsas.

Instrucciones

1. Pon el pan en una de las bolsas de plástico. Pon los trozos de manzana en la otra bolsa. Cierra las bolsas.

2. **Observa** Deja los materiales en las bolsas durante una semana. ¿Qué ocurre?

_____

_____

_____

_____

_____

Nombre _____ **HAZ LA PRUEBA 2**
Los descomponedores, página 2

Concluye y aplica

1. **Identifica** ¿Ves indicios de los descomponedores? ¿Hay más de uno? ¿Cómo lo sabes?

   _____
   _____
   _____

2. **Infiere** ¿Diferentes tipos de descomponedores transforman tipos de material diferentes? Explica tu respuesta.

   _____
   _____
   _____

Un paso más Piensa en tus propias preguntas y cómo puedes comprobarlas. ¿Qué otros materiales deshacen los descomponedores?

Mi pregunta es:
_____

Cómo puedo comprobarlo:
_____
_____

Mis resultados son:
_____
_____

Nombre _____ ACTIVIDAD DE EXPLORACIÓN 3

página 1

Investiga cómo satisfacen sus necesidades los seres vivos

Hipótesis Las mascotas y las plantas domésticas tienen gente que las cuidan. ¿Cómo obtienen las plantas y los animales que viven en la naturaleza, lo que necesitan para vivir y crecer? ¿Cómo puedes comprobar tus ideas?

Escribe una **hipótesis**:

_____

_____

Observa un acuario para inferir cómo las plantas y los animales satisfacen sus necesidades.

Materiales

- comida para peces
- grava
- olomina o pececillo de colores
- red
- 2 elodeas pequeñas u otras plantas acuáticas
- botella de plástico de 2 L
- parte inferior de otra botella con agujeros
- agua
- cinta métrica

Instrucciones

1. **Haz un modelo** Pon 3 cm de grava en una botella de plástico. Llénala con agua hasta la mitad. Hunde suavemente las raíces de las plantas en la grava. Tapa la botella con la parte inferior de la otra botella. Colócala en un lugar donde reciba mucha luz, pero no directamente los rayos solares.

2. Al cabo de dos días, usa la red para introducir el pez en la botella. Añade comida para peces a través de uno de los agujeros de la tapa. Esa misma semana añade un poco más.

3. **Observa** Examina tu ecosistema cada dos o tres días durante 4 semanas. Alimenta al pez dos veces por semana. Anota tus observaciones.

Nombre _____ **ACTIVIDAD DE EXPLORACIÓN 3**
Investiga cómo satisfacen sus necesidades los seres vivos, página 2

Concluye y aplica

1. **Compara** ¿Cómo cambió tu ecosistema durante las 4 semanas?
   _____

2. **Identifica** ¿Qué necesitó el pez para subsistir? ¿Qué necesitaron las
   plantas? _____
   _____
   _____

3. **Infiere** Probablemente observaste burbujas en tu ecosistema.
   ¿Qué crees que eran? ¿De dónde procedían?
   _____

Un paso más: Aplica

4. **Infiere** ¿Satisficieron sus necesidades los seres vivos de ese
   ecosistema? ¿Cómo lo sabes?
   _____

Pregunta

Piensa en tus propias preguntas y cómo puedes comprobarlas. ¿Qué tipo de alimento come el pez?

Mi pregunta es:
_____

Cómo puedo comprobarlo:
_____

Mis resultados son:
_____
_____
_____

Nombre _____   HAZ LA PRUEBA 3
página 1

Semillas viajeras

Hipótesis: Los animales con pelaje suelen ayudar a las plantas a diseminar sus semillas. ¿Cómo lo hacen?

Escribe una **hipótesis:**

_____

_____

Materiales

- semillas
- piel sintética

Instrucciones

1. **Predice** ¿Qué ocurrirá si esparces las semillas sobre la piel sintética? Anota tu predicción.

   _____

2. **Experimenta** Comprueba tu predicción. Haz que tu compañero o compañera sostenga la piel. Esparce distintas semillas sobre la piel y anota los resultados.

   _____

   _____

Nombre _____   **HAZ LA PRUEBA 3**
Semillas viajeras, página 2

Concluye y aplica

1. Identifica ¿Qué semillas se pegaron a la piel?

_____
_____
_____

2. Infiere ¿Cómo podrían los animales con pelaje ayudar a las plantas a diseminar sus semillas?

_____
_____
_____

Un paso más Piensa en tus propias preguntas y cómo puedes comprobarlas. ¿Qué comportamientos animales hacen que lleven semillas en su piel?

Mi pregunta es:

_____
_____

Cómo puedo comprobarlo:

_____
_____

Mis resultados son:

_____
_____

Nombre _____ ACTIVIDAD DE EXPLORACIÓN 4

página 1

Investiga cuánto espacio necesitan las plantas

Hipótesis Sabes que el espacio es una de las necesidades de los seres vivos. Cuando hay demasiada gente en un lugar, éste se vuelve incómodo. ¿Qué ocurre cuando hay demasiadas plantas en un lugar? ¿Afecta el espacio que tienen las plantas a su crecimiento?

Escribe una **hipótesis**:

_____

_____

Materiales

- tierra
- agua
- semillas de frijol
- cinta adhesiva
- tijeras
- marcador
- taza graduada
- 4 envases de leche

Instrucciones

1. Recorta la parte superior de los envases. Escribe con el marcador una letra de la A a la D en un papel y pégalas con la cinta adhesiva en cada envase. Abre con cuidado 3 agujeros de drenaje en el fondo de cada envase. Con la taza graduada, llena cada envase con la misma cantidad de tierra.

2. **Usa variables** Planta 3 semillas de frijol en el envase A, 6 en el B, 12 en el C y 24 en el D.

3. **Predice** ¿Qué aspecto tendrá cada envase después de 14 días? Haz un dibujo en una hoja de papel separada.

4. **Experimenta** Pon los envases en una zona bien iluminada. Riega las plantas cada 2 días con la misma cantidad de agua.

Concluye y aplica

1. **Compara** ¿Cuántas plantas hay en cada envase? ¿Cómo son las del envase D comparadas con las demás?

_____

_____

McGraw-Hill • Ciencias UNIDAD: ¿DÓNDE VIVEN LOS SERES VIVOS?

Nombre _____ ACTIVIDAD DE EXPLORACIÓN 4
Investiga cuánto espacio necesitan las plantas, página 2

2. Identifica ¿Por qué cosa compiten las plantas de cada envase?
_____

3. Explica ¿Cómo afectó el número de plantas del envase D a la capacidad de cada planta para satisfacer sus necesidades?
_____
_____

Un paso más: Resolución de problemas

4. Experimenta ¿Cómo podrías comprobar cuánto espacio necesitaban los jerbos? Escribe un plan.
_____
_____

Pregunta

Piensa en tus propias preguntas y cómo puedes comprobarlas usando la tierra, las semillas de frijol, 4 envases de leche y los otros materiales de esta actividad. ¿Qué ocurriría si estas plantas compitieran por algo más de lo que necesitan para vivir?

Mi pregunta es:
_____
_____

Cómo puedo comprobarlo:
_____
_____

Mis resultados son:
_____
_____

Nombre _____ HAZ LA PRUEBA 4
página 1

Sillas musicales

Hipótesis ¿Qué ocurre cuando cambia el número de sillas en el juego de las sillas musicales?

Escribe una **hipótesis**:

_____

_____

Materiales

- sillas

Instrucciones

1. Jueguen a las sillas musicales.

2. **Experimenta** Cambien el número de sillas con que juegan. ¿Cómo afecta esto al juego? Anota lo que observes.

_____

_____

Concluye y aplica

1. **Explica** ¿Por qué cosa compiten los jugadores en este juego?

_____

2. **Identifica** ¿Por qué existe competencia?

_____

_____

Nombre _____ **HAZ LA PRUEBA 4**
Sillas musicales, página 2

3. Compara ¿En qué se parece la competencia en este juego a la de un ecosistema? ¿En qué se diferencia?

_____

_____

_____

Un paso más Piensa en tus propias preguntas y cómo puedes comprobarlas. ¿Cómo se gana al juego de las sillas musicales?

Mi pregunta es:

_____

_____

Cómo puedo comprobarlo:

_____

_____

Mis resultados son:

_____

_____

Nombre _____ ACTIVIDAD DE EXPLORACIÓN 5

página 1

Crea tu experimento

Investiga cómo la forma del pico afecta a lo que come un ave

Hipótesis Sabes que el cuerpo de los animales tiene diferentes partes. Todas las aves tienen pico, pero cada ave tiene un tipo de pico diferente. ¿Cómo ayuda el pico de un ave a que ésta coma los alimentos?

Escribe una **hipótesis**:

_____

Materiales

- palillos
- cuchara
- pinzas
- espiral de goma
- cacahuates con cáscara
- arroz
- ganchos para tender la ropa
- agua en un vaso de papel
- popote

Instrucciones

1. **Planifica** ¿Cómo harías un modelo para mostrar cómo el pico de un ave la ayuda a comer? Observa los materiales que te han dado. ¿Cómo los usarás? Anota el plan.

   _____

   _____

2. **Recopila datos** Pon en práctica tu plan. Anota todas tus observaciones. Puedes hacer una tabla para anotar los datos.

Herramientas	Comida/Bebida	Observaciones

Nombre _____ **ACTIVIDAD DE EXPLORACIÓN 5**
Crea tu experimento, página 2

Concluye y aplica

1. **Compara** Intercambia tu tabla con otros grupos. ¿En qué se parecen los resultados? ¿En qué se diferencian?

   _____

2. **Saca conclusiones** ¿Son algunas herramientas más adecuadas para tareas concretas? ¿Cómo lo sabes?

   _____
   _____
   _____

Un paso más: Aplica

3. **Infiere** ¿Cómo ayuda la forma del pico a que un ave coma los alimentos necesarios?

   _____
   _____

Pregunta

Piensa en tus propias preguntas y cómo puedes comprobarlas. ¿Con qué herramienta es más fácil dar de comer a otra persona?

Mi pregunta es:

_____
_____

Cómo puedo comprobarlo:

_____

Mis resultados son:

_____

Nombre _____ DESTREZAS EN ACCIÓN 5

Observar

Identificar las propiedades de un medio ambiente

Sabes que el camuflaje es una de las maneras de protegerse de los animales. En esta actividad observarás una zona de tu salón de clases. Cuando observas algo, empleas uno o varios sentidos para conocer las propiedades de los objetos. Tus observaciones de esa zona te ayudarán a diseñar un animal que pueda esconderse en ese medio ambiente.

Materiales

- cartulina
- tijeras
- hilo
- bolitas de algodón
- creyones
- cinta adhesiva

Instrucciones

1. **Observa** Tu maestro o maestra te ayudará a seleccionar una zona para observar. Esa zona será el medio ambiente del organismo que diseñarás. ¿Qué observas en la zona? Anota tus observaciones.

   _____
   _____
   _____
   _____

2. **Planifica** Comenta tus observaciones con los demás miembros de tu grupo. Enumera las características que ayudarían a un organismo a esconderse en ese medio ambiente.

   _____
   _____
   _____
   _____

Nombre _____ DESTREZAS EN ACCIÓN 5
Observar, página 2

3. Usa los materiales para hacer una planta o un animal que pudiera confundirse con su medio ambiente. Pon tu animal o planta en su medio ambiente.

Concluye y aplica

1. Observa Examina los organismos que han diseñado tus compañeros de clase. ¿Cuáles son las características de cada medio ambiente? ¿Puedes descubrir al organismo camuflado? ¿Qué características lo ayudan a camuflarse?

_____
_____
_____
_____
_____

2. Comunica Describe las características de tu organismo. Explica por qué usaste cada una de ellas.

_____
_____
_____
_____

3. Infiere Algunos animales pueden cambiar el color de su piel. ¿En qué situaciones podrían hacerlo? ¿Por qué?

_____
_____
_____
_____

Nombre _____ ACTIVIDAD DE EXPLORACIÓN 6

Investiga qué ocurre cuando cambia un ecosistema

Hipótesis Una tormenta o erupción volcánica pueden causar muchos cambios en un breve período de tiempo. ¿Cómo afectan esos cambios a los seres vivos de una zona? Usa un modelo y comprueba tus ideas.

Escribe una **hipótesis:**

_____

Haz un modelo de lo que puede ocurrir cuando cambia un ecosistema.

Materiales

- 3 tarjetas de depredadores: halcón: roja, búho: azul y serpiente: verde
- 12 tarjetas de presas: 4 rojas, 4 azules y 4 verdes

Instrucciones

1. Haz las tarjetas de depredadores y presas de la lista de materiales. Entrega 1 tarjeta de depredador a cada jugador. Haz una pila con las tarjetas de presas.

2. El objetivo del juego es sacar 4 tarjetas de presas. Los depredadores se turnan para sacar una tarjeta de la pila. Se quedan con las tarjetas que coincidan con el color de su tarjeta de depredador. Devuelvan las de otro color a la pila. Gana el depredador que saque 4 tarjetas de presas de su color.

3. **Experimenta** Añadan una tarjeta que diga "fuego" a la pila de tarjetas de presas. Vuelvan a jugar. Cualquiera que saque la tarjeta del "fuego" queda eliminado y devuelve la tarjeta del "fuego" a la pila. Los otros jugadores continúan hasta que un depredador saque sus 4 tarjetas o todos queden eliminados.

Concluye y aplica

1. **Compara** ¿Qué pasó la primera vez que jugaste? ¿Y la segunda?

_____
_____
_____

McGraw-Hill • Ciencias UNIDAD: ¿DÓNDE VIVEN LOS SERES VIVOS?

Nombre _____ ACTIVIDAD DE EXPLORACIÓN 6
Investiga qué ocurre cuando cambia un ecosistema, página 2

2. Causa y efecto La tarjeta del "fuego" representaba un cambio en el ecosistema. ¿Qué efecto tuvo ese cambio?

_____
_____

3. Infiere ¿Qué puede ocurrir cuando un ecosistema cambia?

_____
_____

Un paso más: Resolución de problemas

4. Predice ¿Qué podría ocurrir si cambiases el número de tarjetas de presas?

_____
_____
_____

Pregunta

Piensa en tus propias preguntas y cómo puedes comprobarlas usando las tarjetas. ¿Qué pasaría si añades otra tarjeta al juego?

Mi pregunta es:

_____
_____

Cómo puedo comprobarlo:

_____
_____

Mis resultados son:

_____
_____

Nombre _____ ACTIVIDAD DE EXPLORA

Crea tu experimento

Investiga qué hace la piel

Hipótesis Tu piel hace algo más que cubrir tu cuerpo. ¿Qué otras cosas crees que hace? ¿Cómo examinarías tu piel para investigar sus funciones?

Escribe una **hipótesis:**

_____

_____

Materiales

- agua
- lupa

Instrucciones

1. **Observa** ¿Cómo usarías tus sentidos para aprender más cosas sobre tu piel? Podrías observar lo que le pasa a tu piel cuando la tocas y cuando respiras o soplas sobre ella.

   _____

   _____

2. **Observa** ¿Cómo observarías tu piel con la lupa? ¿Qué verías? Dibuja lo que veas.

3. **Observa** ¿Cómo afecta el agua a tu piel? Anota tus observaciones.

   _____

   _____

Concluye y aplica

1. **Compara** ¿Qué sientes en tu piel cuando la tocas, soplas o respiras sobre ella?

   _____

   _____

McGraw-Hill • Ciencias UNIDAD: CÓMO MANTENERSE SANO

Nombre _____ ACTIVIDAD DE EXPLORACIÓN 1
Crea tu experimento, página 2

2. Formula una hipótesis ¿Cómo afecta el agua a tu piel? ¿Te indica esto algo acerca de lo que la piel retiene o deja pasar a tu cuerpo?

_____
_____
_____
_____

Un paso más: Aplica

3. Saca conclusiones ¿Qué funciones tiene la piel? ¿Cómo lo sabes?

_____
_____
_____
_____

Pregunta

Piensa en tus propias preguntas y cómo puedes comprobarlas. ¿Qué más puede sentir la piel?

Mi pregunta es:

_____
_____

Cómo puedo comprobarlo:

_____
_____
_____

Mis resultados son:

_____
_____

McGraw-Hill • Ciencias UNIDAD: CÓMO MANTENERSE SANO

Nombre _____ HAZ LA PRUEBA 1
página 1

El sentido de la piel

Hipótesis ¿Cómo te ayudan las diferentes partes de la piel a obtener información sobre lo que te rodea?

Escribe una **hipótesis**:

_____

Materiales

- 3 ó 4 objetos del salón de clases

Instrucciones

1. **Observa** Cierra los ojos. Pide a un compañero o compañera que coloque 3 ó 4 objetos sobre tu escritorio. Súbete una de las mangas y trata de reconocer los objetos con el codo.

_____
_____
_____
_____
_____

2. **Observa** Ahora trata de reconocer los objetos con la mano. Anota tus observaciones.

_____
_____
_____
_____
_____

McGraw-Hill • Ciencias UNIDAD: CÓMO MANTENERSE SANO

Nombre _____

HAZ LA PRUEBA 1
El sentido de la piel, página 2

Concluye y aplica

1. Compara ¿Qué averiguaste sobre cada objeto que tocaste con el codo? ¿Qué averiguaste con la mano?

_____
_____

2. Saca conclusiones ¿Con qué parte te resultó más fácil distinguir los objetos? ¿Con cuál te resultó más difícil? ¿Por qué?

_____
_____

Un paso más: ¿Qué información puedes descubrir sobre el mundo que te rodea usando otra parte de tu piel?

_____
_____

Mi pregunta es:
_____
_____

Cómo puedo comprobarlo:
_____
_____

Mis resultados son:
_____

Nombre _____ ACTIVIDAD DE EXPLORACIÓN 2

Investiga cómo se protege el cuerpo

Hipótesis ¿Qué partes de tu cuerpo te protegen de los gérmenes invasores? ¿Cómo usarías un modelo para comprobar tus ideas?

Escribe una **hipótesis:**

_____

Usa un modelo para investigar cómo tu cuerpo se protege de los gérmenes invasores.

Materiales

- azúcar
- plastilina
- peine
- 3 vasos de papel
- agua
- hoja de papel
- cinta adhesiva

Instrucciones

1. **Haz un modelo** Escribe las palabras *OÍDO, PIEL, ESTÓMAGO, OJO* y *NARIZ.* Presiona la plastilina sobre la palabra *OÍDO.* Para representar el cerumen. Dibuja ladrillos sobre la palabra *PIEL* para representar las células muertas de la epidermis. Haz una bola con un trozo de cinta adhesiva y ponla en un vaso para representar la mucosidad. Coloca el vaso sobre la palabra *NARIZ* y pon el peine encima del vaso para representar los pelitos de la nariz.

2. **Observa** El azúcar representa los gérmenes. Espolvorea azúcar sobre la plastilina, el peine y los ladrillos. Escribe lo que observes.

_____
_____
_____
_____

3. **Haz un modelo** Pon un vaso al revés sobre la palabra *OJO* y otro sobre la palabra *ESTÓMAGO.*

Nombre _____ ACTIVIDAD DE EXPLORACIÓN 2
Investiga cómo se protege el cuerpo, página 2

4. Observa Deja caer azúcar sobre el vaso puesto al revés. Añade unas gotas de agua para representar las lágrimas. ¿Qué sucede? Pon azúcar en el vaso que representa el estómago. Añade agua para representar los líquidos del estómago.

_____

_____

Concluye y aplica

1. Infiere ¿Cómo se protege el cuerpo de los gérmenes?

_____

_____

Un paso más: Resolución de problemas

2. Haz un modelo ¿Qué pasaría si tuvieras una cortadura? ¿Cómo usarías el modelo para descubrirlo?

_____

_____

❓ Pregunta

Piensa en tus propias preguntas y cómo puedes comprobarlas. ¿Cómo entran los gérmenes en tu cuerpo?

Mi pregunta es:

_____

Cómo puedo comprobarlo:

_____

Mis resultados son:

_____

Nombre _____ DESTREZAS EN ACCIÓN 2

Hacer un modelo

Gérmenes y anticuerpos

Del mismo modo que una llave debe encajar en una cerradura para abrirla, un anticuerpo debe encajar en un germen para actuar del modo adecuado. Para verlo, puedes hacer un modelo. Hacer un modelo significa construir una representación de algo. El modelo puede servir para explicar cómo funciona una cosa.

Materiales

- cartulina
- tijeras

Instrucciones

1. Recorta la cartulina en varios cuadrados. Luego corta los cuadrados en dos partes, como piezas de un rompecabezas. Rotula la mitad de cada cuadrado con la letra G, de germen, y la otra mitad con la letra A, de anticuerpo.

2. **Haz un modelo** Intercambia tus piezas A y G con las de otro grupo. Trata de encajar cada mitad G en una mitad A. ¿Cuántos pares encajan? Anota el número. Devuelve las mitades A y G al grupo que las hizo.

   _____
   _____

3. Cambia algunas de tus figuras arrancando o doblando una pequeña parte del papel.

4. **Haz un modelo** Repite el paso 2. ¿Cuántos pares encajan ahora?

   _____

McGraw-Hill • Ciencias UNIDAD: CÓMO MANTENERSE SANO

Nombre _____ DESTREZAS EN ACCIÓN 2

Destreza: Hacer un modelo, página 2

Concluye y aplica

1. Compara ¿Qué ocurrió la primera vez que uniste las figuras? ¿Y la segunda vez? Anota tus resultados en la tabla.

	Número de figuras que encajaron
Primera vez	
Segunda vez	

Un paso más: Aplica

2. Comunica Explica, basándote en tu modelo, por qué es importante que un anticuerpo "encaje" en un germen.

_____
_____
_____
_____

Nombre_____ ACTIVIDAD DE EXPLORACIÓN 3

página 1

Investiga qué hay en los alimentos

Hipótesis ¿Cómo puedes saber lo que contienen diferentes alimentos?

Escribe una **hipótesis:**

_____

_____

Busca las pistas para ver si esos alimentos contienen sustancias llamadas grasas.

Materiales

- muestras de diferentes alimentos
- tijeras
- bolsas de papel marrón

Instrucciones

1. Tu maestro o maestra te dará muestras de diferentes alimentos. Predice cuáles contienen grasa. Escribe las predicciones.

   _____

   _____

   _____

2. **Experimenta** Recorta la bolsa de papel en cuadrados. Escribe el nombre de un alimento en cada cuadrado. Frota un poco de cada alimento en el cuadrado con su nombre. Deja secar los cuadrados durante una hora.

3. **Observa** ¿Qué les pasa a los cuadrados de papel?

Alimento	Observaciones

McGraw-Hill • Ciencias UNIDAD: CÓMO MANTENERSE SANO

Nombre _____

ACTIVIDAD DE EXPLORACIÓN 3
Investiga qué hay en los alimentos, página 2

Concluye y aplica

1. **Identifica** Los alimentos que contienen mucha grasa suelen dejar marcas grasientas en las superficies que tocan. ¿Identificas los alimentos que contienen grasa?

   _____
   _____

2. **Infer** ¿Qué puedes decir de los alimentos que no dejaron marcas grasientas en el papel?

   _____

Un paso más: Aplica

3. **Clasifica** Divide los alimentos en dos grupos: los que contienen grasa y los que no. ¿Qué puedes decir acerca de esos dos grupos?

   _____

❓ Pregunta

Piensa en tus propias preguntas y cómo puedes comprobarlas. ¿Qué alimentos son más saludables?

Mi pregunta es:

_____

Cómo puedo comprobarlo:

_____
_____

Mis resultados son:

_____
_____

Nombre _____ DESTREZAS EN ACCIÓN 3

página 1

Interpretar datos

Leer información nutricional

Casi todos los alimentos llevan etiquetas nutricionales que describen las cantidades de los diferentes nutrientes que contiene el alimento. Esa información te ayuda a seleccionar los alimentos. Observa la etiqueta del dibujo. Cada línea contiene información. Por ejemplo, observa la línea llamada "Tamaño de la ración". Dice que contiene 1 ración. Ésa es la cantidad de alimento recomendada para comer de una vez. Ahora observa la línea llamada "Proteínas". ¿Cuántos gramos de proteínas hay en una ración de esta comida? Al responder a esta pregunta, interpretas datos. Interpreta los datos de las etiquetas con información nutricional para responder a las siguientes preguntas.

Yogur

Datos nutricionales
Tamaño de la ración   1 envase   220 g

Cantidad por ración
Calorías   195
Calorías grasas   27

Valor diario en% *

Grasas	3 g	5%
Colesterol	12 mg	6%
Sodio	155 mg	7%
Potasio	510 mg	15%
Carbohidratos	33 g	12%
Fibra	0 g	0%
Azúcares	32 g	
Proteínas	12 g	
Vitamina A	4%	
Vitamina C	4%	
Calcio	40%	
Hierro	0%	

Ingredientes: leche entera, leche desnatada, azúcar, extracto natural de vainilla, pectina, cultivos lácteos activos

* Porcentajes de valores diarios basados en una dieta de 2,000 calorías.

Materiales

- etiquetas con información nutricional

Instrucciones

1. Mira las etiquetas de los alimentos que te han dado. Escribe los nombres de los alimentos en la tabla.

2. **Interpreta datos** ¿Cuánta grasa hay en una ración de cada alimento? ¿Cuántas proteínas? ¿Cuántos carbohidratos?

Alimento	Grasa	Proteínas	Carbohidratos

McGraw-Hill • Ciencias UNIDAD: CÓMO MANTENERSE SANO

Nombre _____

DESTREZAS EN ACCIÓN 3
Interpretar datos, página 2

3. Interpreta datos ¿Qué otros nutrientes contiene cada uno de los alimentos? ¿Hay vitaminas y minerales? ¿Contiene fibra?

_____
_____
_____
_____
_____
_____

Concluye y aplica

1. Compara ¿Qué alimento tiene más grasa? ¿Cuál tiene menos? ¿Cuál tiene más carbohidratos? ¿Cuál tiene menos? ¿Cuál tiene más proteínas? ¿Cuál tiene menos?

_____
_____
_____
_____

2. Evalúa ¿Cuál de estos alimentos no deberías comer? ¿Cuál deberías comer más a menudo? ¿Por qué?

_____
_____
_____
_____
_____
_____
_____
_____

Nombre _____ ACTIVIDAD DE EXPLORACIÓN 4
página 1

Investiga cómo se descomponen los alimentos

Hipótesis ¿Cómo se descomponen los alimentos? Recuerda que los alimentos pueden descomponerse de varias maneras.

Escribe una **hipótesis:**

_____

_____

Materiales

- papa pequeña asada
- toalla de papel
- tenedor
- trozo de papel de aluminio

Haz un modelo que muestre cómo el cuerpo descompone los alimentos.

Instrucciones

1. Coloca la toalla de papel sobre el papel de aluminio y coloca la papa encima.

2. **Experimenta** ¿Puedes usar el tenedor para dividir la papa en trozos pequeños? Anota tus ideas y haz la prueba.

_____

_____

3. **Experimenta** ¿Cómo usarías el tenedor para triturar la papa en trozos todavía más pequeños?

_____

_____

4. **Observa** ¿Qué pasa si aplastas los trozos de papa con la toalla de papel? Tira la toalla y los trozos de papa en una papelera.

_____

_____

McGraw-Hill • Ciencias UNIDAD: CÓMO MANTENERSE SANO

Nombre _____ **ACTIVIDAD DE EXPLORACIÓN 4**
Investiga cómo se descomponen los alimentos, página 2

Concluye y aplica

1. **Compara** ¿Cómo cambió la papa desde el comienzo de la actividad hasta el final?
   _____

2. **Comunica** ¿Cómo pudiste romper la papa en pedazos?
   _____

3. **Infiere** ¿Qué salió de la papa al aplastarla? _____

Un paso más: Aplica

4. **Infiere** ¿Qué parte de tu cuerpo corta y tritura los alimentos? ¿Cómo lo sabes? _____
   _____

Pregunta

Piensa en tus propias preguntas y cómo puedes comprobarlas. ¿Qué alimentos son más fáciles para que los dientes los corten?

Mi pregunta es:
_____
_____

Cómo puedo comprobarlo:
_____
_____

Mis resultados son:
_____
_____
_____

Nombre _____ HAZ LA PRUEBA 4
página 1

Comer una galleta

Hipótesis ¿La digestión comienza en la boca?

Escribe una **hipótesis**:

_____

_____

Materiales

- 1 galleta sin sal

Instrucciones

Observa Mastica lentamente la galleta durante un minuto. Observa cómo cambia la galleta en tu boca. Trágate la galleta.

Concluye y aplica

1. **Identifica** ¿Cómo cambió la forma de la galleta dentro de tu boca?

_____

_____

2. **Compara** ¿Qué sabor tenía la galleta cuando te la pusiste en la boca? ¿Y un momento antes de tragarla?

_____

_____

_____

McGraw-Hill • Ciencias UNIDAD: CÓMO MANTENERSE SANO

Nombre _____ **HAZ LA PRUEBA 4**
Comer una galleta, página 2

3. Saca conclusiones ¿La digestión comienza en la boca? ¿Cómo lo sabes?

_____
_____

Un paso más Nombra algunos ejemplos de alimentos que puedan digerirse sin usar los dientes. ¿Cómo te los comerías?

Mi pregunta es:
_____
_____

Como puedo comprobarlo:
_____
_____

Mis resultados son:
_____
_____